JN090422

はじめに

このプリントは、子どもたちが自らアクティブに問題を解き続け、学習できるようになる姿をイメージして生まれました。

どこから手をつけてよいかわからない。問題とにらめっこし、かたまってしまう。

えんぴつを持ってみたものの、いつの間にか他のことに気がいってしまう…。

そんな場面をなくしたい。

子どもは１年間にたくさんのプリントに出会います。できるだけよいプリントに出会ってほしいと思います。

子どもにとってよいプリントとは何でしょうか？

それは、サッとやり始め、ふと気づけばできている。スイスイと上がっていけるエスカレーターのような仕組みのあるプリントです。

「いつのまにか、できるようになった！」「もっと続きがやりたい！」
と、子どもが目をキラキラと輝かせる。そんな子どもたちの姿を思い描いて編集しました。

プリント学習が続かないことには理由があります。また、プリント１枚ができないことには理由があります。

語彙を獲得する必要性や、大人が想像する以上にスモールステップが必要であったり、じっくり考えなければならない問題があったりします。

教科書レベルの問題が解けるために、さまざまなバリエーションの問題を作りました。

「学ぶことが楽しい！」

→「もっとやりたくなる！」

→「続くから、結果が出てくる！」

ぜひ、このプリント集を使ってみてください。

子どもたちがワクワク、キラキラしてプリントに取り組む姿が、目の前で広がりますように。

藤原　光雄

シリーズ全巻の特長

◎幅広く目的に沿った使い方！

○「書くこと」を中心に、知識や表現力をどんどん広げる。

○教科書で学習した内容を読む、理解できる。

○教科書で学習した内容を使う、表現できる。

○教科書で学習した内容を説明できる。

◎国語科６年間の学びをスパイラル化！

国語科６年間の学習内容を、スパイラルを意識して配列しています。

予習や復習、発展的な問題に取り組むなど、ほかの学年の巻も使ってみてください。

このプリントの特長

○はじめの一歩をわかりやすく！

自学にも活用できるように、うすい字でやり方や書き方が書いてあります。

なぞりながら答え方を身につけてください。

○国語感覚から解き方や作文力が身につく！

文字あそびや言葉あそびで、言語に対する習熟を重ね、作文力がつきます。

ワークシートで言葉の冒険を楽しんでみてください。

○さまざまな発想・表現ができる！

答えが一通りではなく、多様な答えがある問題も用意しました。

○文法、語彙の力が身につく！

教科書の学習に合う新出漢字・語彙をさまざまな形式でくり返すことで定着を図ります。

朝学習、スキマ学習、家庭学習など、さまざまな学習の場面で活用できます。

4年生　目次

1

四場面絵本づくり ①

名前

次の四つの場面を好《す》きな順番《じゅんばん》にならべ、題名をつけてお話をつくりましょう。

題名	
順番	→ → →

①

②

③

④

1 四場面絵本づくり ②

名前

次の四つの場面を好《す》きな順番《じゅんばん》にならべ、題名をつけてお話をつくりましょう。

題名	
順番	→ → →

①

②

③

④

2 かじょう書き十 ①

名前

自分の知っている好《す》きな物語を一つ選《えら》び、どんなことが書かれているか、かじょう書きで十こにまとめてみましょう。

自分の好きな物語

1	□いつの物語?
2	□どこの物語?
3	□だれの物語?（どんな主人公?）
4	□どんな登場人物の物語?
5	□何場面の物語?
6	□読んでみてひとことで、どんな物語?
7	□はじめはどんな物語?
8	□終わりはどんな物語?
9	□どんなところがおもしろい物語?
10	□作者がどんなことを伝《つた》えたい物語?

2 かじょう書き十 ②

名前

自分の好《す》きな物を十こ、かじょう書きにしましょう。

1 好きな色

2 好きな季節《きせつ》

3 好きな天気

4 好きな曜日

5 好きな月

6 好きな動物

7 好きな食べ物

8 好きな都道府県《とどうふけん》

9 好きな国

10 好きな教科

3 主語と述語としゅうしょく語 ①

名前

主語に――線を引き、述《じゅつ》語に～～線を引きましょう。

1 述語が動き（動詞《どうし》）…（～する、～した）

① 白い ライオンが 大きく ほえる。
② 黒い カラスが 森の 上を 飛《と》ぶ。
③ 大つぶの 雨が はげしく ふる。
④ 不思議《ふしぎ》な 光が あたりに うかぶ。
⑤ ボブは カレーを すべて 食べた。
⑥ きれいな チョウが 畑の 上を 飛ぶ。
⑦ オレンジ色の 光が まどを 横切る。

2 述語が様子（形容詞《けいようし》）…（どんなだ）

① 今日の カレーは とても からい。
② 子犬の ペロは かなり 小さい。
③ バラの 花は とても 赤い。
④ 二月の 朝は すごく 寒い。
⑤ キリンの 首は 馬より 長い。
⑥ 金や 銀の ねだんは けっこう 高い。
⑦ 特急《とっきゅう》は 急行よりも 九分ほど 速い。

3 主語と述語としゅうしょく語 ②

名前

✿ 主語に――線を引き、述《じゅつ》語に～～線を引きましょう。

1 述語が物や事（名詞《めいし》）…（～だ、～である）

① 今年も 白組が まちがいなく ゆう勝だ。

② わたしの 兄は 今年 中学生です。

③ わたしの 父は 会社の 社長です。

④ ゆめは プロの サッカー選手です。

⑤ クジラは 海に すむ ほにゅう類《るい》です。

⑥ 日本は アジアの 小さい 島国だ。

⑦ イモリは 池に すむ 両生類だ。

2 述語が「ある・いる」…（ある、いる）

① 動物園に 白い ライオンが いる。

② 右に 曲がったら 出口が ある。

③ コインが 全部で 五まいほど ある。

④ 大事な 本が ここの 図書館に ある。

⑤ めずらしい 花が この 草原に ある。

⑥ 水族館に サメが 何びきも いる。

⑦ 不思議《ふしぎ》な 生き物が 公園に いる。

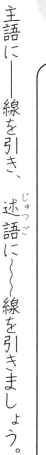

3 主語と述語としゅうしょく語 ③

名前

主語に――線を引き、述語《じゅつご》に～～線を引きましょう。

① オオカミは 羊を せまい 場所へ 追いこんだ。

② タンポポは 風を 使って タネを 遠くまで 飛《と》ばした。

③ 昨日《きのう》、ボブは プレゼントを おばあさんの 家へ 送った。

④ カメレオンは 体の 色を まわりの 色へ 変化《へんか》させた。

⑤ 主人公は 大切な 白い 馬を 国王に うばわれた。

⑥ 刀を 持った ぶ士《し》は 一気に 相手へ 近づいた。

⑦ 漁《りょう》しは あみを サッと 海に 投げこんだ。

⑧ わたしは 休み時間に 借《か》りた 本を 図書室へ 返しに 行く。

3 主語と述語《じゅつご》としゅうしょく語 ④

名前

✿ 主語をくわしく説明《せつめい》している言葉に‖を引きましょう。

① 家の へいを、 白い ネコが ゆっくり 歩く。

② 熱《あつ》い ほのおを、 大きな ドラゴンは 一気に はきだした。

③ 鉄で できた とびらを、 たくさんの 人が たたき続《つづ》けた。

④ 見えない 相手に、 小さい 子犬は ワンワンと ほえ続けた。

⑤ あらしの 夜に きまって、 真っ黒な モンスターが あらわれるのだ。

⑥ ステーキの 次に、 冷《つめ》たい アイスが テーブルに ならべられた。

⑦ 遠い 国からも たくさんの 手紙が 学校に 送られた。

⑧ すぐ 近くを、 きょ大な 生き物が スーッと 通りすぎて いった。

4 要約《ようやく》すると ①

名前

主語と述語《じゅつご》をもとに、文を短くしましょう。

① 一本だけ、黄色い花がさく。
↓
〈主語〉花が
〈述語〉さく。

② コーンスープの器《うつわ》は熱《あつ》い。
↓

③ にがした魚はとても大きい。
↓

④ 来月、トムはマダガスカルへ行く。
↓

⑤ 王様はしろの屋上から街《まち》をながめた。
↓

⑥ 春になり、毎朝まどに青い色の小鳥がやってくる。
↓

⑦ 今月の新しい給食《きゅうしょく》のメニューはピザだ。
↓

4 要約《ようやく》すると ②

名前

主語と述語《じゅつご》をもとに、文を短くしましょう。

① きのう、マイケルは駅前でパンと牛にゅうを買った。
↓
〈主語〉マイケルは
〈述語〉買った。

② 今朝はセミがうるさいほど鳴いていて、とても暑い。
↓

③ 街《まち》の外れに建《た》っている洋館は、百年をこえるほど古い。
↓

④ ボブが見た生き物は、手のひらにのるくらい小さい。
↓

⑤ 王国の一番下のおひめ様は、まるで花のように美しい。
↓

⑥ ジェーンは多くの人からはく手をもらった。
↓

⑦ 去年、ポールはマラソン大会で新記録を出すほど速かった。
↓

5 オノマトペ作文①

名前

オノマトペ（擬《ぎ》態《たい》音・擬《ぎ》声《せい》音）から始まる作文を書きましょう。

① うわー！

「うわー！」

② キャー！

「キャー！」

③ ギャー！

「ギャー！」

④ ええ？

「ええ？」

5 オノマトペ作文 ②

名前

オノマトペ（擬《ぎ》態《たい》音・擬《ぎ》声《せい》音）から始まる作文を書きましょう。

①

ゴゴゴゴ…

ゴゴゴゴ…

②

ゴオー

ゴオー

③

バキッ！

バキッ！

④

ドシーン

ドシーン

6 擬人法 ①

名前

❀ 主語と述語《じゅつご》を自由に結《むす》び、擬人法《ぎじんほう》を使った文をつくりましょう。

〈例《れい》〉 花が　ほほえむ。　鳥が　歌う。

① 自動車が　・　　・　㋐ 大きな声で合唱《がっしょう》する。

② 電車が　・　　・　㋑ まったく無《む》視する。

③ ビルが　・　　・　㋒ 大笑《おおわら》いする。

④ ふみきりが　・　　・　㋓ まどから飛《と》びだした。

⑤ 信号《しんごう》が　・　　・　㋔ 考え事をする。

⑥ ポスターが　・　　・　㋕ ふと立ち止まる。

⑦ 横だん歩道が　・　　・　㋖ 文くを言っている。

擬人法とは、
人間以外《いがい》のものを
人間に見立てて表
げんする方法《ほうほう》です。

6 擬人法 ②

名前

主語と述語《じゅつご》を自由に結《むす》び、擬人法《ぎじんほう》を使った文をつくりましょう。

① つくえが	赤ちゃんのように	だだをこねる。
② ブランコが	こどものように	泣《な》きやまない。
③ プールが	弟のように	やさしい。
④ 校しゃが	妹のように	元気よく走る。
⑤ 自転車が	お父さんのように	ほほえんだ。
⑥ カバンが	お母さんのように	わがままを言う。
⑦ えん筆が	おじいちゃんのように	弱々しい。
⑧ プリントが	おばあちゃんのように	たくましい。

7 体言止め ①

名前

体言（名詞《めいし》）で終わる文にしましょう。

〈例《れい》〉今日は　晴れです。→ 今日は　晴れ　。

〈主語〉　〈述語《じゅつご》〉

① カエルは　両生類《りょうせいるい》です。→ 〈主語〉は　〈体言〉　。

② トマトは　野菜《やさい》だ。→ 　。

③ ボブは　友達《ともだち》です。→ 　。

④ 豆きちは　有名である。→ 　。

⑤ 姉は　高校生です。→ 　。

⑥ サメは　魚である。→ 　。

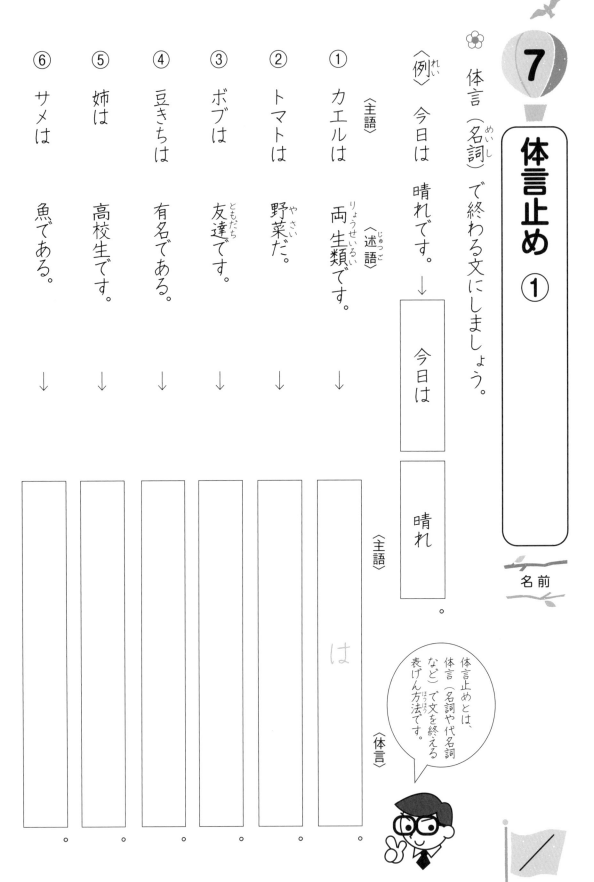

体言止めとは、体言（名詞や代名詞など）で文を終える表げん方法《ほうほう》です。

7 体言止め ②

名前

✿ 体言（名詞《めいし》）で終わる文にしましょう。

① タロウはウミガメを助けた。
↓
ウミガメを助けたタロウ。

② 豆きちはじいさまを助けた。
↓
。

③ レミーは赤いぼう子を買った。
↓
。

④ 太一《たいち》はラスボスと戦《たたか》った。
↓
。

⑤ ジロウはおにたちをたい治《じ》した。
↓
。

⑥ ポチは朝の散歩《さんぽ》が大好きだ。
↓
。

⑦ カエールは長い手紙を書いた。
↓
。

8 倒置法《とうちほう》 ①

名前

✿ 主語と述語《じゅつご》を入れかえて（倒置して）文を書き変《か》えましょう。

〈例《れい》〉クジラは大きい。↓ 大きい、クジラは。

① チーターは速い。↓ 、。

② わたしはあきらめない。↓ 、。

③ 四年A組は必《かなら》ず勝つ。↓ 、。

④ 明日はぜったい晴れる。↓ 、。

⑤ モンスターはやってくる。↓ 、。

⑥ リーザは美しすぎる。↓ 、。

⑦ はん人はあなたです。↓ 、。

倒置法とは、文の順番《じゅんばん》を入れかえて、言葉を強めたり、文を整えたりする方法です。

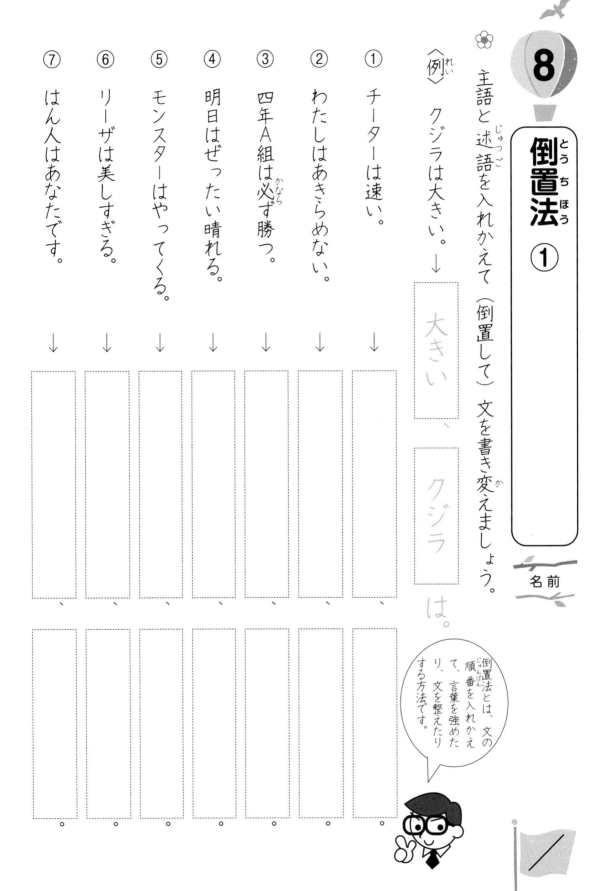

8 倒置法《とうちほう》 ②

名前

主語と述語《じゅつご》を入れかえて（倒置して）文を書き変《か》えましょう。

〈例《れい》〉わたしは、海ぞく王になる。
↓
海ぞく王になる、わたしは。

① わたしは、野球選手《せんしゅ》になる。
↓
、　。

② あなたは、社長になる。
↓
、　。

③ 来年は、良い年になる　。
↓
、　。

④ よう虫は、チョウになる。
↓
、　。

⑤ わたしが、アンカーになる。
↓
、　。

⑥ ぼくが、目になる。
↓
、　。

⑦ 未来《みらい》が、明るくなる。
↓
、　。

9 ふきだしトーク ①

どんなことを話していますか。自由に書いてみましょう。

名前

9 ふきだしトーク ②

名前

どんなことを話していますか。自由に書いてみましょう。

①

②

10 イラスト会話文 ①

名前

どんなことを話していますか。「　」を使って自由に書いてみましょう。

グレーが言いました。
「

」
パスタが言いました。
「

」

10 イラスト会話文 ②

どんなことを話していますか。「　」を使って自由に書いてみましょう。

名前

ケロシが言いました。
「
」
ケロタが言いました。
「
」

11 言葉の仲間分け ①

名前　　　／

言葉の特《とく》ちょうを考えて、□の言葉を仲間《なかま》分け（分類《ぶんるい》）しましょう。

言葉

動詞《どうし》	形容詞《けいようし》	名詞
動きを表す言葉	様子を表す言葉	物や事を表す言葉

動詞

書く	②	④
①	③	⑤

形容詞

美しい	⑦	⑨
⑥	⑧	⑩

名詞

文字	⑫	⑭
⑪	⑬	⑮

学ぶ　読む
速い　広い
給食《きゅうしょく》　教科書
むかう　書く
おいしい　きれい
つくえ　プール
食べる　泳ぐ
かたい　美しい
文字　教室

11 言葉の仲間分け ②

名前

❀ 言葉の特《とく》ちょうを考えて、[　]の言葉を仲間《なかま》分け（分類《ぶんるい》）しましょう。

- 言葉
  - 動詞《どうし》：動きを表す言葉
  - 形容詞《けいようし》：様子を表す言葉
  - 名詞：物や事を表す言葉

動詞			形容詞			名詞		
①	③	⑤	⑦	⑨	⑪	⑬	⑮	⑰
②	④	⑥	⑧	⑩	⑫	⑭	⑯	⑱

ふく　うまい
やさしい　飲む
遠足　牛乳
えがく　歩く
おもしろい　楽しい
運動会　リコーダー
校庭　強い
うれしい　走る
遊ぶ　作品

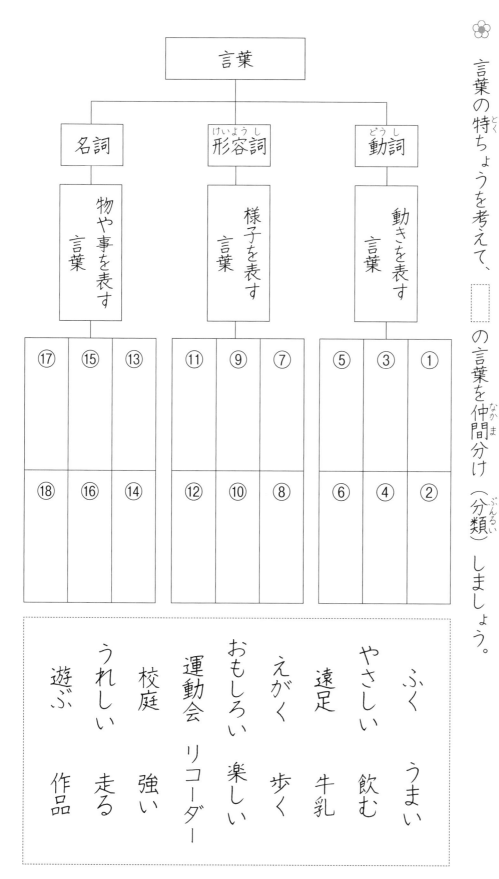

12 季節の言葉の仲間《なかま》分け ①

名前

季《き》節《せつ》の楽しみを表す言葉を□から選《えら》んで、春と夏に分けましょう。

春の楽しみ
（3、4、5月ごろ）

夏の楽しみ
（6、7、8月ごろ）

こいのぼり　ひな人形　お花見
衣《ころも》がえ　七夕　さくらもち
ももの花　花見だんご　ぼんおどり
夏《げ》し　八十八夜　やぐら
ひしもち　たんざく　ひなまつり
ひこぼし　ささかざり　夏祭り
かしわもち　ちまき　新茶
ゆかた　おりひめ　ほたるがり

12 季節の言葉の仲間《なかま》分け ②

名前

季《き》節《せつ》の楽しみを表す言葉を［　］から選《えら》んで、秋と冬に分けましょう。

秋の楽しみ
（9、10、11月ごろ）

冬の楽しみ
（12、1、2月ごろ）

正月　秋の七草　くりひろい
お月見　いもほり　ゆず湯
中秋の名月　こう葉　ちとせあめ
もちつき　すすはらい　初ゆめ
月見だんご　ぞうに　年こしそば
大そうじ　大みそか　七五三
冬じ　豆まき　色づく
月夜　じょ夜のかね　黄葉

13 つなぎ言葉 ①

名前

□にあてはまるつなぎ言葉（接続詞《せつぞくし》）を［ ］から選《えら》んで書きましょう。

①	理由・予想	前の文の理由や、予想される文をつなげる。	だから
②	反対・ぎゃく	前の文と反対になることや、予想されないぎゃくの文をつなぐ。	しかし
③	ならべる 加《くわ》える	前の文と同じようにならべたり、後の文を付《つ》け加える。	そして
④	くらべる 選ぶ	前の文と後の文をくらべたり、選んだりする。	あるいは
⑤	前の説明《せつめい》	前の文の説明。	つまり
⑥	話を変《か》える	話題を変える。	では

しかし　そして
だから　が
すると　それとも
つまり　さらに
あるいは　ただし
では　したがって
そのうえ　ところで
けれども　ところが
さて　それで
要《よう》するに　もしくは
たとえば　または
しかも　それでは

13 つなぎ言葉 ②

名前

□にあてはまるつなぎ言葉（接続詞《せつぞくし》）を［　］から選《えら》んで書きましょう。

① 今週は連休《れんきゅう》がある。［そのため］みんなわくわくしている。

② 今週は連休がある。［　　　　］宿題がたくさん出る。

③ 今週は連休がある。［　　　　］来週も連休がある。

④ 今週は連休がある。［　　　　］休日が多い週ということだ。

⑤ 今週は連休がある。［　　　　］このあと何をして遊ぼうか。

つまり　しかも　さて　しかし　そのため

13 つなぎ言葉 ③

名前

□にあてはまるつなぎ言葉（接続詞《せつぞくし》）を□から選《えら》んで書きましょう。

① 学校まで全力で走った。□遠足に間に合った。

② 学校まで全力で走った。□遠足に間に合わなかった。

③ 学校まで全力で走った。□朝のランニングもした。

④ 学校まで全力で走った。□朝ごはんを早くすませればよかったか。

⑤ 学校まで全力で走った。□間に合うための努力《どりょく》はした。

⑥ 学校まで全力で走った。□出発に間に合ったのだろうか。

さて
つまり
それとも
そして
けれども
だから

13 つなぎ言葉 ④

名前

❀ つなぎ言葉（接続詞《せつぞくし》）に続《つづ》けて、自由に作文を書きましょう。

① 明日から夏休みだ。しかし、

② キャサリンはピアノがひける。しかも、

③ 今日の試合は勝った。なぜなら、

④ 百万円手に入った。では、

14 いろいろな多義語《たぎご》①

名前

✿ ちがった意味をもつ同じ言葉を、[　]から選《えら》んで書きましょう。

① 百点を／食事を／ざ席《せき》を　[　　]。

② 入学式に／写真集が／試験結果《しけんけっか》が　[　　]。

③ 体重を／時間を／交流を　[　　]。

④ 成《せい》せきが／家に／声が　[　　]。

⑤ ビルを／お茶を／計画を　[　　]。

⑥ 試《ため》して／様子を／食べて　[　　]。

⑦ 気を／当たりを／手を　[　　]。

⑧ いすに／命を／数字を　[　　]。

⑨ 息を／スキを／こおり　[　　]。

あがる　ひく　たてる　かける　はかる　みる　つく　とる　でる

14 いろいろな多義語《たぎご》 ②

名前

❀ ちがった意味をもつ同じ言葉を、□から選《えら》んで書きましょう。

① ねだんが
ハードルが
気温が
［　　］。

② お湯が
ぬの地が
夏は
［　　］。

③ 考えが
仕上げが
さとうは
［　　］。

④ 考えを
はり金を
へそを
［　　］。

⑤ スイッチを
アイデアを
念《ねん》を
［　　］。

⑥ ボールが
むねが
話が
［　　］。

⑦ なぞを
荷物を
教えを
［　　］。

⑧ 口を
しおりを
休けいを
［　　］。

⑨ ドアを
ネジを
多数を
［　　］。

まげる　とく　おす　はさむ　あまい　はずむ　しめる　たかい　あつい

15 ダイエット文 ①

名前

✿ 次の長い一文を、主語と述語《じゅつご》だけの短い文にしましょう。

〈例《れい》〉先週見たえい画は、ホラーえい画でとてもこわかった。

▶ えい画は、こわかった。

① 親せきからおくられたメロンは、ほっぺたがおちそうなほどおいしい。

▶

② ジョンのお姉さんは、テレビでもよく見る有名なモデルです。

▶

③ 昨日《きのう》の午前二時ごろ、わたしは大きな火をはく真っ赤なドラゴンを見ました。

▶

15 ダイエット文 ②

名前

❀ 次の長い一文を、主語と述語《じゅつご》だけの短い文にしましょう。

① うわさによると、この港から真っ直ぐ海を進んだ先に、全てのものが黄金でできた大きな島が一つ、あるらしい。

▶

② 二学期からやってくる転校生は、スポーツは何でもとく意で、勉強もよくできる男の子らしい。

▶

③ 新しく建《た》てられた学校は、三十五階建てで、屋上に五十メートルの温水プールもあり、すごしやすい。

▶

16 じょう体とけい体 ①

名前

次のじょう体の文を、けい体の文（ていねいな言い方）に書き変《か》えましょう。

① 紙を折《お》った。 ↓ 紙を［折りました］。

② ぬのはやわらかい。 ↓ ぬのは［　　］。

③ 答えを言う。 ↓ 答えを［　　］。

④ 円をえがく。 ↓ 円を［　　］。

⑤ 絵本を読む。 ↓ 絵本を［　　］。

⑥ 魚をつり上げる。 ↓ 魚を［　　］。

⑦ 説明《せつめい》をする。 ↓ 説明を［　　］。

⑧ 当たりのようだ。 ↓ 当たりの［　　］。

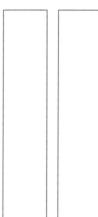

16 じょう体とけい体 ②

名前

次のけい体の文を、じょう体の文（ふつうの言い方）に書き変《か》えましょう。

① さらに研究が進みました。
↓
さらに研究が　進んだ　。

② 来週の計画を見直しました。
↓
来週の計画を　　。

③ このまま進みましょう。
↓
このまま　　。

④ 必《かなら》ず成功《せいこう》するはずです。
↓
必ず成功する　　。

⑤ ぜっ対に勝ちます。
↓
ぜっ対に　　。

⑥ もうにげられません。
↓
もうにげられ　　。

⑦ 他に方法《ほうほう》はありません。
↓
他に方法は　　。

⑧ わたしはねこです。
↓
わたしは　　。

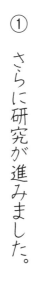

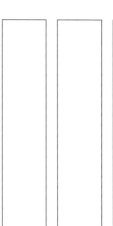

17 漢字の部首 ①

名前

部首と部首名を、線で結《むす》びましょう。

・漢字のおおまかな意味を表す部分（部首）には、「へん」と「つくり」のほかに「かんむり」「あし」「にょう」「たれ」「かまえ」などがあります。

①	宀	・		・	あめかんむり
②	⻗	・		・	うかんむり
③	艹	・		・	たけかんむり
④	穴	・		・	くさかんむり
⑤	⺮	・		・	あなかんむり
⑥	走	・		・	しんにょう
⑦	辶	・		・	えんにょう
⑧	廴	・		・	そうにょう
⑨	心	・		・	れっか
⑩	灬	・		・	こころ

17 漢字の部首 ②

部首と部首名を、線で結《むす》びましょう。

① 阝　② 言　③ 金　④ 食　⑤ 月　⑥ 米

かねへん　こざとへん　ごんべん　にくづき　こめへん　しょくへん

⑦ 火　⑧ 氵　⑨ 冫　⑩ 亻　⑪ 彳　⑫ 扌

さんずい　にすい　ひへん　てへん　ぎょうにんべん　にんべん

名前

17 漢字の部首 ③

名前

部首と部首名を、線で結《むす》びましょう。

① 寸 ・　・ おおざと

② 卩 ・　・ ふしづくり

③ 尸 ・　・ すん

④ 刀 ・　・ ちから

⑤ 刂 ・　・ かたな

⑥ 力 ・　・ りっとう

⑦ 攵 ・　・ あくび

⑧ 欠 ・　・ のぶん

⑨ 又 ・　・ また

⑩ 殳 ・　・ おおがい

⑪ 隹 ・　・ ふるとり

⑫ 頁 ・　・ るまた

17

漢字の部首 ④

名前

同じ部首の漢字を書きましょう。

① 言

② 心

③ 扌

④ 礻

⑤ 氵

⑥ 艹

⑦ 亻

⑧ ⺮

⑨ 口

⑩ 門

18 漢字「読み」とり ①

名前

——線の部分の漢字の読みを書きましょう。

① 勇ましい（　　）
② 清める（　　）
③ 働く（　　）
④ 望む（　　）
⑤ 欠ける（　　）
⑥ 満たす（　　）
⑦ 養う（　　）
⑧ 栄える（　　）
⑨ 散らかす（　　）
⑩ 置く（　　）
⑪ 結ぶ（　　）
⑫ 果たす（　　）
⑬ 変わる（　　）
⑭ 続ける（　　）
⑮ 折れる（　　）
⑯ 積もる（　　）
⑰ 連なる（　　）
⑱ お参り（　　）
⑲ 無くなる（　　）
⑳ 加える（　　）

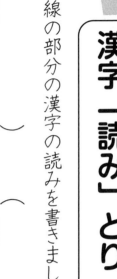

18 漢字「読み」とり ②

名前

✿ ――線の部分の漢字の読みを書きましょう。

① 飛ばす（　　）
② 建つ（　　）
③ 例える（　　）
④ 照らす（　　）
⑤ 熱い（　　）
⑥ 関わる（　　）
⑦ 伝える（　　）
⑧ 覚める（　　）
⑨ 初めて（　　）
⑩ 必ず（　　）
⑪ 好き（　　）
⑫ 説く（　　）
⑬ 静まる（　　）
⑭ 試みる（　　）
⑮ 別れる（　　）
⑯ 泣く（　　）
⑰ 包む（　　）
⑱ 戦う（　　）
⑲ 争う（　　）
⑳ 祝う（　　）

18 漢字「読み」とり ③

名前

／

✿ ――線の部分の漢字の読みを書きましょう。

① 挙げる（　　）
② 量る（　　）
③ 借りる（　　）
④ 浅い（　　）
⑤ 焼ける（　　）
⑥ 笑う（　　）
⑦ 省く（　　）
⑧ 残す（　　）
⑨ 願う（　　）
⑩ 失う（　　）
⑪ 浴びる（　　）
⑫ 辺り（　　）
⑬ 低い（　　）
⑭ 敗れる（　　）
⑮ 産まれる（　　）
⑯ 求める（　　）
⑰ 付ける（　　）
⑱ 固まる（　　）
⑲ 束ねる（　　）
⑳ 治る（　　）

18 漢字「読み」とり ④

名前

線の部分の漢字の読みを書きましょう。

① 刷る（　）
② 努める（　）
③ 冷める（　）
④ 冷たい（　）
⑤ 冷やす（　）
⑥ 唱える（　）
⑦ 治める（　）
⑧ 類い（　）
⑨ 利く（　）
⑩ 固い（　）
⑪ 速く（　）
⑫ 早く（　）
⑬ 着る（　）
⑭ 切る（　）
⑮ 返す（　）
⑯ 帰す（　）
⑰ 建てる（　）
⑱ 立てる（　）
⑲ 明ける（　）
⑳ 空ける（　）

19 同音異義語 ①

名前

✿ 同じ読みでも、意味がちがう漢字があります（同《どう》音《おん》異《い》義《ぎ》語《ご》）。――線のついた言葉にあてはまる漢字を□に書きましょう。

①
- はやく起きた。
- 走るのがはやい。

②
- 答えがあう。
- 友だちとあう。

③
- 席があく。
- ドアがあく。

④
- 刀を二本さす。
- 南をさす。

⑤
- ビルをたてる。
- 朝礼台にたつ。

⑥
- 家にかえる。
- 本をかえす。

⑦
- 画用紙をきる。
- 服をきる。

⑧
- 二かいの教室。
- 二かい勝った。

⑨
- 気がつく。
- 駅につく。

19 同音異義語《どうおんいぎご》 ②

名前

✿ □に□の中のどちらかのじゅく語をあてはめて書きましょう。

① イガイ　意外　以外

㋐ ナスビ［　　］の野菜《やさい》。

㋑［　　］とかんたんだ。

② ジテン　辞典　事典

㋐ 百科［　　］で調べる。

㋑［　　］で言葉を調べる。

③ キカイ　機械　機会

㋐ 工場の［　　］を使う。

㋑ 再会の［　　］があった。

④ カジ　家事　火事

㋐ 近所で［　　］があった。

㋑［　　］を手伝《てつだ》う。

⑤ カンシン　感心　関心

㋐ とても［　　］がある。

㋑［　　］する美しさだ。

⑥ ジシン　自信　自身

㋐ 勝てる［　　］がある。

㋑［　　］の問題である。

20 じゅく字訓《じくん》とじゅく語 ①

名前

✿ 特別《とくべつ》な読み方をするじゅく字（じゅく語）の読みを書きましょう。

① 明日（　　）
② 昨日（　　）
③ 今日（　　）
④ 今年（　　）
⑤ 明後日（　　）
⑥ 今朝（　　）
⑦ 一日（　　）
⑧ 二日（　　）
⑨ 三日（　　）
⑩ 四日（　　）
⑪ 五日（　　）
⑫ 六日（　　）
⑬ 七日（　　）
⑭ 八日（　　）
⑮ 九日（　　）
⑯ 十日（　　）
⑰ 二十日（　　）
⑱ 七夕（　　）
⑲ 時計（　　）
⑳ 部屋（　　）

じゅく字訓は、二字以上の漢字からなるじゅく字（じゅく語）を訓読みすることです。

20 じゅく字訓《じくん》とじゅく語 ②

名前

特別《とくべつ》な読み方をするじゅく字（じゅく語）の読みを書きましょう。送りがなのあるものは送りがなもいっしょに書きましょう。

① 兄さん（　　　）
② 姉さん（　　　）
③ 友達（　　　）
④ 父さん（　　　）
⑤ 母さん（　　　）
⑥ 大人（　　　）
⑦ 一人（　　　）
⑧ 二人（　　　）
⑨ 博士（　　　）
⑩ 八百屋（　　　）
⑪ 果物（　　　）
⑫ 真っ赤（　　　）
⑬ 真っ青（　　　）
⑭ 真面目（　　　）
⑮ 手伝う（　　　）
⑯ 上手（　　　）
⑰ 下手（　　　）
⑱ 清水（　　　）
⑲ 景色（　　　）
⑳ 川原（　　　）

21 四字じゅく語 ①

名前

✿ 次の四字じゅく語をなぞり書きしましょう。

① 他《た》力《りき》本《ほん》願《がん》

② 前《ぜん》代《だい》未《み》聞《もん》

③ 不《ふ》言《げん》実《じっ》行《こう》

④ 音《おん》信《しん》不《ふ》通《つう》

⑤ 門《もん》外《がい》不《ふ》出《しゅつ》

⑥ 二《に》束《そく》三《さん》文《もん》

⑦ 一《いっ》子《し》相《そう》伝《でん》

⑧ 心《しん》機《き》一《いっ》転《てん》

⑨ 笑《しょう》止《し》千《せん》万《ばん》

⑩ 一《いち》念《ねん》発《ほっ》起《き》

⑪ 一《いっ》挙《きょ》一《いち》動《どう》

⑫ 一《いち》望《ぼう》千《せん》里《り》

⑬ 三《さん》位《み》一《いっ》体《たい》

⑭ 千《せん》変《ぺん》万《ばん》化《か》

⑮ 千《せん》差《さ》万《ばん》別《べつ》

21 四字じゅく語 ②

名前

次の四字じゅく語をなぞり書きしましょう。

① 先《せん》手《て》必《ひっ》勝《しょう》

② 単《たん》刀《とう》直《ちょく》入《にゅう》

③ 相《そう》思《し》相《そう》愛《あい》

④ 理《り》路《ろ》整《せい》然《ぜん》

⑤ 頭《ず》寒《かん》足《そく》熱《ねつ》

⑥ 問《もん》答《どう》無《む》用《よう》

⑦ 完《かん》全《ぜん》無《む》欠《けつ》

⑧ 有《ゆう》名《めい》無《む》実《じつ》

⑨ 事《じ》実《じつ》無《む》根《こん》

⑩ 残《ざん》念《ねん》無《む》念《ねん》

⑪ 自《じ》給《きゅう》自《じ》足《そく》

⑫ 以《い》心《しん》伝《でん》心《しん》

⑬ 多《た》種《しゅ》多《た》様《よう》

⑭ 不《ふ》平《へい》不《ふ》満《まん》

⑮ 不《ふ》老《ろう》不《ふ》死《し》

22 じゅく語の組み合わせ ①

名前

1 じゅく語の組み合わせを仲間《なかま》分けしました。なぞり書きしましょう。

① にた意味をもつ漢字の組み合わせ

早速　通行　平等　広大

② 反対の意味をもつ漢字の組み合わせ

大小　明暗　和洋　左右

2 □のじゅく語を、1①、もしくは②の組み合わせのどちらかに仲間分けしましょう。

長短　周辺　有無　会合　願望　高低　強弱　消失　売買　飲食　勝敗　加入

①

にた意味	

②

反対の意味	

22 じゅく語の組み合わせ ②

名前

1 じゅく語の組み合わせを仲間《なかま》分けしました。なぞり書きしましょう。

① 上の漢字が下の漢字をくわしく（しゅうしょく）する組み合わせ

米倉　表札　冷気　海底

② 下の漢字が上の漢字の目的《もくてき》の組み合わせ

建国　取材　開戦　祝日

2 □のじゅく語を、1①、もしくは②の組み合わせのどちらかに仲間分けしましょう。

読書　帰国　熱心　着陸　祝福　点灯
前進　花束　開票　老木　最多　漁港

①

上の漢字が下の漢字をくわしくする	

②

下の漢字が上の漢字の目的	

23 ペアじゅく語づくり ①

名前

✿ 二つの漢字を組み合わせてじゅく語をつくりましょう。

① □《じ》信《しん》　信《しん》□《ごう》

② □《そく》達《たつ》　□《はっ》達《たつ》

③ 飛《ひ》□《こう》　飛《ひ》□《らい》

④ □《きゃく》席《せき》　□《しゅっ》席《せき》

⑤ 建《たて》□《もの》　建《けん》□《こく》

⑥ □《や》菜《さい》　菜《さい》□《えん》

⑦ 例《れい》□《がい》　□《じ》例《れい》

⑧ 料《りょう》□《り》　□《ざい》料《りょう》

⑨ □《な》良《ら》（県）　良《りょう》□《やく》

⑩ 照《しょう》□《めい》　照《しょう》□《ど》

⑪ 府《ふ》□《りつ》　□《がく》府《ふ》

⑫ □《はつ》熱《ねつ》　熱《ねっ》□《ちゅう》

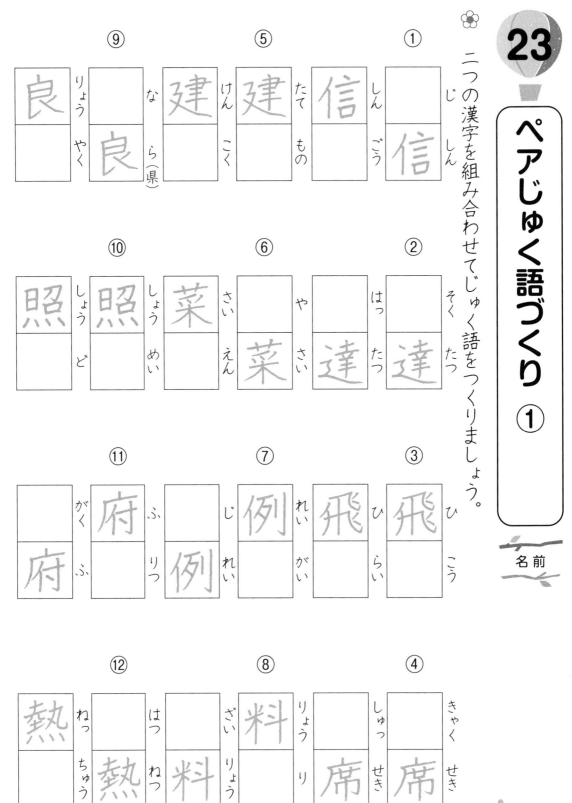

23 ペアじゅく語づくり ②

名前

✿ 二つの漢字を組み合わせてじゅく語をつくりましょう。

① □《いく》児《じ》　児《じ》□《どう》

② 辞《じ》□《てん》　辞《じ》□《しょ》

③ □《げん》典《てん》　□《ほう》典《てん》

④ 関《かん》□《けい》　関《せき》□《しょ》

⑤ 成《せい》□《ちょう》　成《せい》□《じん》

⑥ □《ぶん》類《るい》　□《じん》類《るい》

⑦ □《しん》愛《あい》　愛《あい》□《どく》

⑧ 昨《さく》□《や》　昨《さく》□《ねん》

⑨ □《おん》訓《くん》　訓《くん》□《れん》

⑩ □《みち》順《じゅん》　順《じゅん》□《ばん》

⑪ 城《じょう》□《か》　□《かい》城《じょう》

⑫ □《かん》覚《かく》　□《じ》覚《かく》

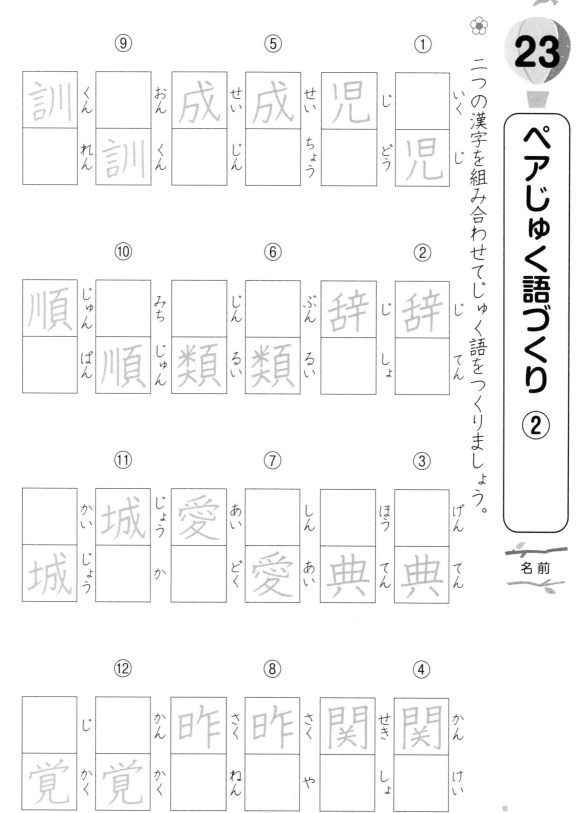

23 ペアじゅく語づくり ③

名前

✿ 二つの漢字を組み合わせてじゅく語をつくりましょう。

① □《がい》伝《でん》　伝《でん》□《き》

② 説《せっ》□《とく》　説《せつ》□《めい》

③ □《ゆう》好《こう》　好《こう》□《い》

④ □《や》印《じるし》　□《けし》印《いん》

⑤ □《じゅう》要《よう》　要《よう》□《てん》

⑥ □《もく》的《てき》　□《ひょう》的《てき》

⑦ 必《ひつ》□《よう》　必《ひっ》□《し》

⑧ 初《しょ》□《にち》　初《はつ》□《みみ》

⑨ □《めい》案《あん》　案《あん》□《ない》

⑩ 街《まち》□《かど》　□《し》街《がい》

⑪ 試《し》□《あい》　試《し》□《しょく》

⑫ 選《せん》□《しゅ》　選《せん》□《べつ》

23 ペアじゅく語づくり ④

名前

二つの漢字を組み合わせてじゅく語をつくりましょう。

① 観《かん》□《てん》　観《かん》□《きゃく》

② □《だい》材《ざい》　□《しゅ》材《ざい》

③ □《あん》静《せい》　静《せい》□《し》

④ □《こっ》旗《き》　□《こう》旗《き》

⑤ □《たい》群《ぐん》　群《ぐん》□《ぱつ》

⑥ 季《き》□《せつ》　□《し》季《き》

⑦ □《とく》別《べつ》　□《く》別《べつ》

⑧ 郡《ぐん》□《ぶ》　郡《ぐん》□《らく》

⑨ □《さん》戦《せん》　戦《せん》□《りょく》

⑩ 争《そう》□《てん》　□《せん》争《そう》

⑪ 最《さい》□《しょ》　最《さい》□《じょう》

⑫ 給《きゅう》□《しょく》　□《はい》給《きゅう》

23 ペアじゅく語づくり ⑤

名前

✿ 二つの漢字を組み合わせてじゅく語をつくりましょう。

① □《ち》帯《たい》　□《ねっ》帯《たい》

② 包《ほう》□《たい》　包《ほう》□《ちょう》

③ □《こう》機《き》　機《き》□《たい》

④ □《おお》縄《なわ》　□《ひ》縄《なわ》

⑤ 勇《ゆう》□《き》　勇《ゆう》□《しゃ》

⑥ 軍《ぐん》□《たい》　軍《ぐん》□《か》

⑦ 兵《へい》□《たい》　□《しゅっ》兵《ぺい》

⑧ 隊《たい》□《れつ》　隊《たい》□《いん》

⑨ □《ゆび》輪《わ》　□《しゃ》輪《りん》

⑩ □《こ》熊《ぐま》　□《しろ》熊《くま》

⑪ 特《とく》□《べつ》　特《とく》□《しょく》

⑫ 夫《ふ》□《じん》　□《く》夫《ふう》

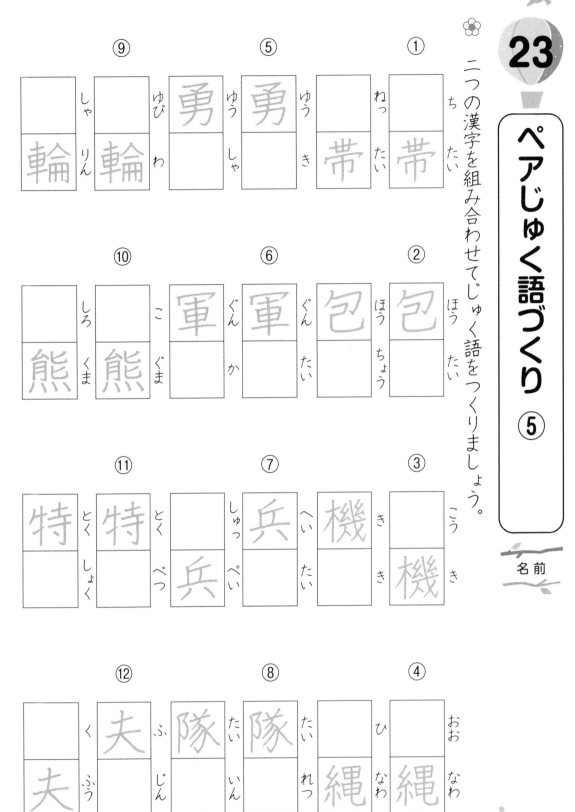

23

ペアじゅく語づくり ⑥

名前

二つの漢字を組み合わせてじゅく語をつくりましょう。

① 衣《い》□《りょう》　衣《い》□《ふく》

② 氏《し》□《めい》　氏《し》□《ぞく》

③ 祝《しゅく》□《ふく》　祝《しゅく》□《じつ》

④ □《よう》約《やく》　□《せつ》約《やく》

⑤ 競《けい》□《ば》　競《きょう》□《そう》

⑥ □《せい》徒《と》　徒《と》□《ほ》

⑦ □《よう》法《ほう》　□《ほう》法《ほう》

⑧ 完《かん》□《ぜん》　完《かん》□《せい》

⑨ 清《せい》□《しょ》　清《せい》□《りゅう》

⑩ □《どう》徳《とく》　□《じん》徳《とく》

⑪ 香《こう》□《すい》　香《こう》□《み》

⑫ □《ねん》賀《が》　賀《が》□《しょう》

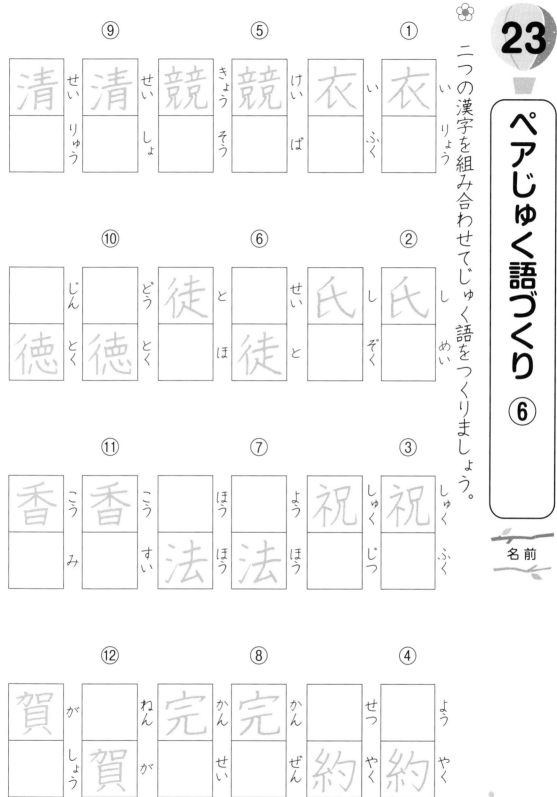

23 ペアじゅく語づくり ⑦

名前

二つの漢字を組み合わせてじゅく語をつくりましょう。

① 未《み》□《らい》　未《み》□《ち》

② 希《き》□《ぼう》　希《き》□《しょう》

③ □《じん》望《ぼう》　□《いち》望《ぼう》

④ □《ろう》働《どう》　□《じつ》働《どう》

⑤ 健《けん》□《ぜん》　健《けん》□《しょう》

⑥ □《けん》康《こう》　□《しょう》康《こう》

⑦ □《めい》令《れい》　□《ごう》令《れい》

⑧ 位《い》□《ち》　□《ち》位《い》

⑨ 散《さん》□《ぽ》　□《ぶん》散《さん》

⑩ □《しゅっ》欠《けつ》　欠《けっ》□《てん》

⑪ 満《まん》□《ぞく》　満《まん》□《かい》

⑫ □《こう》栄《えい》　栄《えい》□《よう》

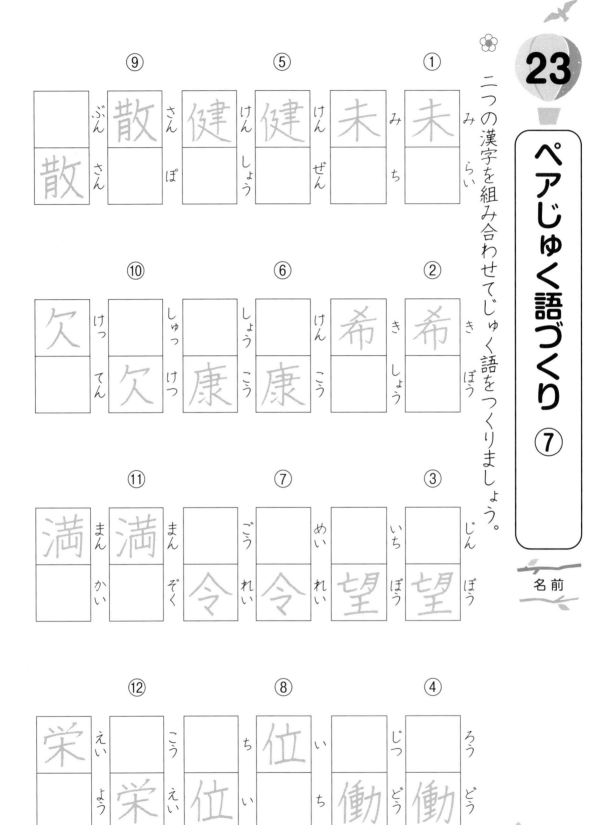

23 ペアじゅく語づくり ⑧

名前

✿ 二つの漢字を組み合わせてじゅく語をつくりましょう。

① 養《よう》□《ぶん》　□《せい》養《よう》

② 卒《そつ》□《ぎょう》　卒《そつ》□《えん》

③ 単《たん》□《い》　単《たん》□《ぱつ》

④ 結《けっ》□《か》　結《けっ》□《きょく》

⑤ 果《か》□《じつ》　□《せい》果《か》

⑥ 漁《ぎょ》□《ぎょう》　漁《ぎょ》□《こう》

⑦ □《ちょっ》径《けい》　□《はん》径《けい》

⑧ 副《ふく》□《さい》　副《ふく》□《しょく》

⑨ □《だい》臣《じん》　□《か》臣《しん》

⑩ □《がい》灯《とう》　□《てん》灯《とう》

⑪ 梅《ばい》□《えん》　梅《ばい》□《う》

⑫ □《つう》貨《か》　貨《か》□《もつ》

23 ペアじゅく語づくり⑨

名前

二つの漢字を組み合わせてじゅく語をつくりましょう。

① 変《へん》□《か》　変《へん》□《しん》

② 種《しゅ》□《るい》　□《な》種《たね》

③ □《れん》続《ぞく》　続《ぞく》□《しゅつ》

④ □《う》折《せつ》　折《せっ》□《ぱん》

⑤ 積《せっ》□《きょく》　□《めん》積《せき》

⑥ 松《まつ》□《ばやし》　松《しょう》□《ちく》

⑦ □《かい》議《ぎ》　議《ぎ》□《だい》

⑧ 不《ふ》□《あん》　不《ふ》□《きゅう》

⑨ □《こう》差《さ》　□《たい》差《さ》

⑩ □《き》念《ねん》　□《しん》念《ねん》

⑪ 連《れん》□《きゅう》　連《れん》□《ごう》

⑫ □《こう》景《けい》　□《ふう》景《けい》

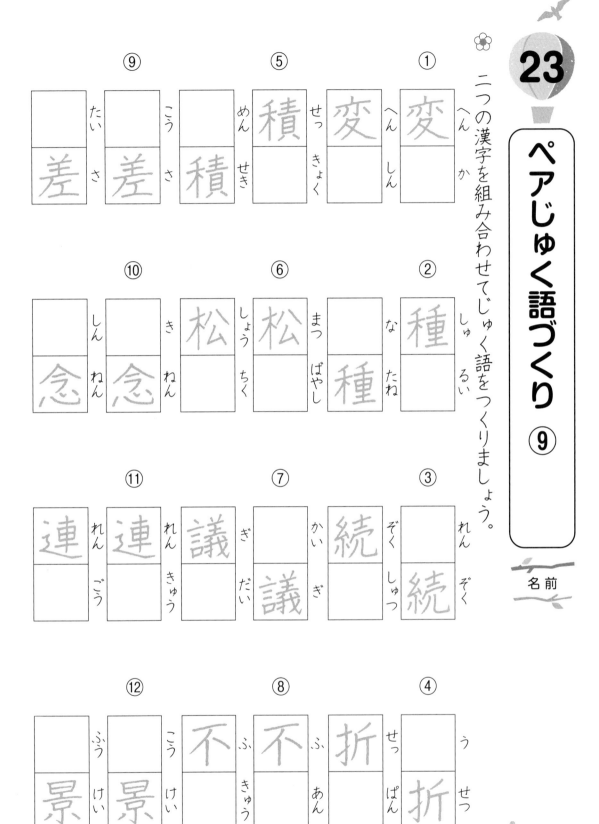

23 ペアじゅく語づくり⑩

名前

二つの漢字を組み合わせてじゅく語をつくりましょう。

① 末《まっ》□《き》　□《けつ》末《まつ》

② 司《し》□《かい》　□《じょう》司《し》

③ □《き》録《ろく》　録《ろく》□《おん》

④ 参《さん》□《こう》　参《さん》□《か》

⑤ 加《か》□《にゅう》　□《つい》加《か》

⑥ □《せん》挙《きょ》　挙《きょ》□《しゅ》

⑦ □《じっ》験《けん》　□《たい》験《けん》

⑧ 協《きょう》□《りょく》　協《きょう》□《ちょう》

⑨ □《なん》極《きょく》　□《きゅう》極《きょく》

⑩ □《こう》芸《げい》　□《えん》芸《げい》

⑪ 無《む》□《り》　無《ぶ》□《じ》

⑫ □《き》械《かい》　□《き》械《かい》

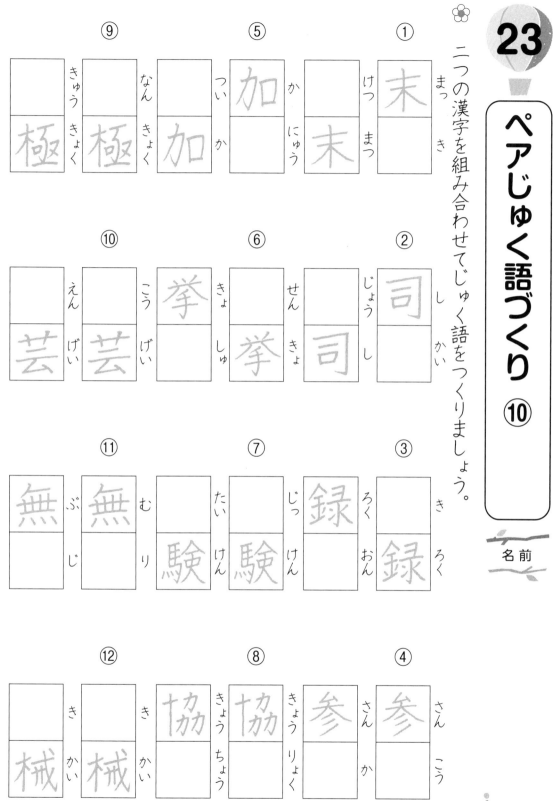

23 ペアじゅく語づくり ⑪

名前

二つの漢字を組み合わせてじゅく語をつくりましょう。

① 以《い》□《じょう》　以《い》□《がい》

② □《ばん》博《ぱく》　博《はく》□《ぶつ》

③ □《ほ》管《かん》　管《かん》□《り》

④ 便《べん》□《り》　□《ふ》便《べん》

⑤ □《し》孫《そん》　□《はつ》孫《まご》

⑥ □《ぶん》量《りょう》　量《りょう》□《さん》

⑦ 仲《なか》□《ま》　□《ふ》仲《なか》

⑧ □《かい》底《てい》　□《かわ》底《ぞこ》

⑨ 焼《やき》□《もの》　□《て》焼《やき》

⑩ □《ゆう》利《り》　利《り》□《てん》

⑪ 笑《え》□《がお》　□《しっ》笑《しょう》

⑫ □《はん》省《せい》　□《き》省《せい》

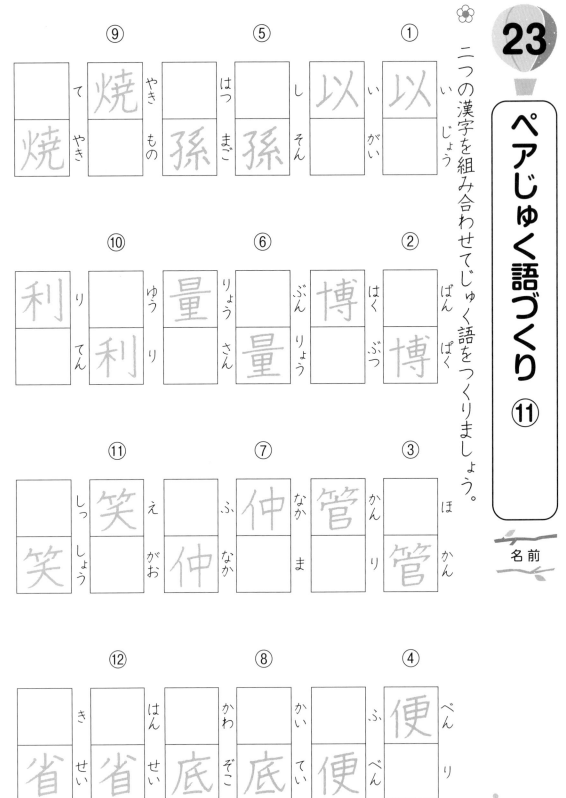

郵 便 は が き

料金受取人払郵便

大阪北局
承 認
247

差出有効期間
2024年５月31日まで
※切手を貼らずに
お出しください。

５ ３ ０ - ８ ７ ９ ０

１ ５ ４

大阪市北区兎我野町15－13
ミユキビル

フォーラム・A
愛読者係 行

愛読者カード ご購入ありがとうございます。

フリガナ		性別	男 ・ 女
お名前		年齢	歳
TEL FAX	（ ）	ご職業	
ご住所	〒 ー		
E-mail	@		

ご記入いただいた個人情報は、当社の出版の参考にのみ活用させていただきます。
第三者には一切開示いたしません。

□学力がアップする教材満載のカタログ送付を希望します。

●ご購入書籍・プリント名

●ご購入店舗・サイト名等（　　　　　　　　　　　　　　　　　　　　　　　）

●ご購入の決め手は何ですか？（あてはまる数字に○をつけてください。）

1．表紙・タイトル　　2．中身　　3．価格　　4．SNSやHP

5．知人の紹介　　6．その他（　　　　　　　　　　　　　）

●本書の内容にはご満足いただけたでしょうか？（あてはまる数字に○をつけてください。）

たいへん満足　5　4　3　2　1　不満

●本書の良かったところや改善してほしいところを教えてください。

●ご意見・ご感想、本書の内容に関してのご質問、また今後欲しい商品のアイデアがありましたら下欄にご記入ください。

ご協力ありがとうございました。

★ご感想を小社HP等で匿名でご紹介させていただく場合もございます。　□可　□不可

★おハガキをいただいた方の中から抽選で10名様に2,000円分の図書カードをプレゼント！
当選の発表は、賞品の発送をもってかえさせていただきます。

23 ペアじゅく語づくり ⑫

名前

✿ 二つの漢字を組み合わせてじゅく語をつくりましょう。

① 残《ざん》□《きん》　残《ざん》□《ねん》

② 周《しゅう》□《かい》　□《えん》周《しゅう》

③ □《にっ》課《か》　課《か》□《だい》

④ □《し》然《ぜん》　□《てん》然《ねん》

⑤ □《にゅう》浴《よく》　□《すい》浴《よく》

⑥ □《はつ》芽《が》　□《しん》芽《め》

⑦ 改《かい》□《ぎょう》　改《かい》□《りょう》

⑧ □《こう》共《きょう》　共《きょう》□《つう》

⑨ 願《がん》□《ぼう》　□《ねん》願《がん》

⑩ □《しょう》失《しつ》　失《しつ》□《れい》

⑪ □《しゅう》辺《へん》　□《きし》辺《べ》

⑫ □《さい》低《てい》　□《こう》低《てい》

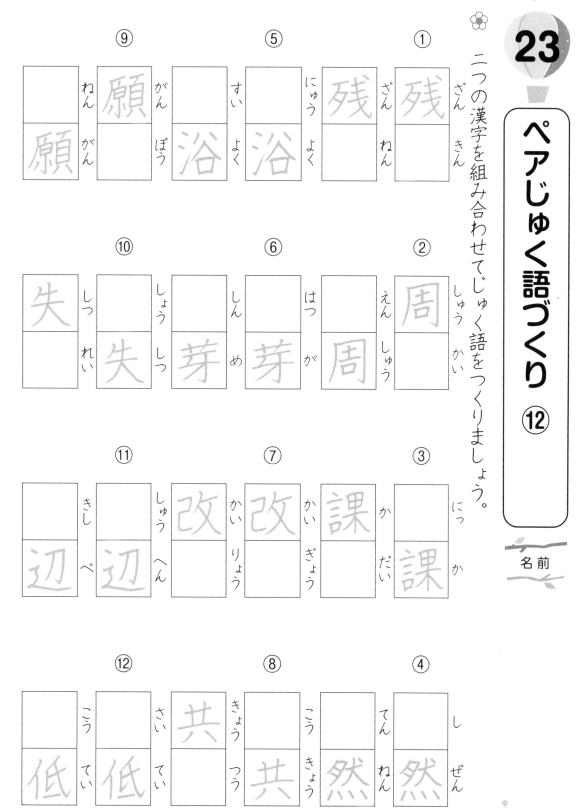

23 ペアじゅく語づくり ⑬

名前

二つの漢字を組み合わせてじゅく語をつくりましょう。

① 老《ろう》□《じん》　老《ろう》□《ぼく》

② □《しょう》敗《はい》　□《しっ》敗《ぱい》

③ □《やく》束《そく》　□《けっ》束《そく》

④ □《かい》票《ひょう》　□《はく》票《ひょう》

⑤ 陸《りく》□《ち》　□《ちゃく》陸《りく》

⑥ □《しゅっ》産《さん》　産《さん》□《ち》

⑦ 各《かく》□《えき》　各《かく》□《ち》

⑧ □《つい》求《きゅう》　□《よう》求《きゅう》

⑨ 付《ふ》□《ろく》　付《ふ》□《きん》

⑩ 固《こ》□《てい》　固《こ》□《ゆう》

⑪ □《しょく》塩《えん》　塩《えん》□《ぶん》

⑫ □《みなみ》側《がわ》　側《そく》□《めん》

／

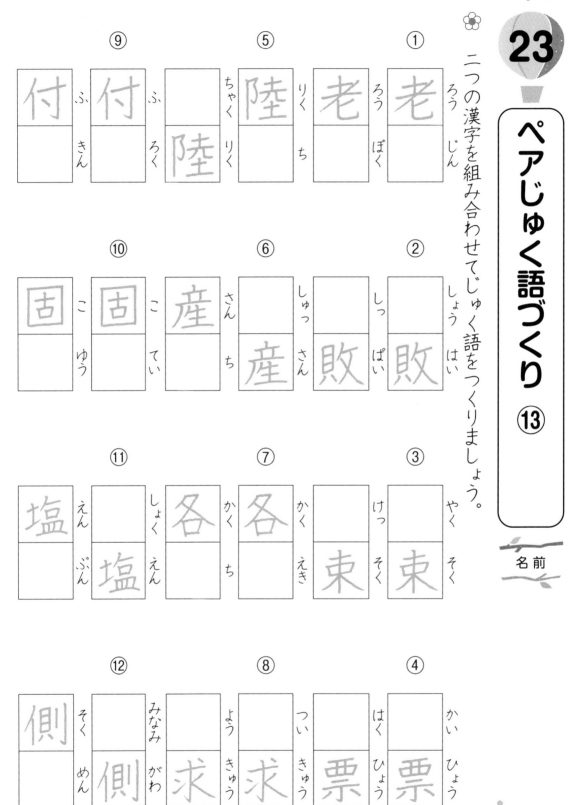

23 ペアじゅく語づくり ⑭

名前

✿ 二つの漢字を組み合わせてじゅく語をつくりましょう。

① 標《ひょう》□《ほん》　□《もく》標《ひょう》

② 農《のう》□《か》　農《のう》□《ぎょう》

③ □《く》労《ろう》　□《と》労《ろう》

④ 様《よう》□《す》　様《よう》□《しき》

⑤ □《ちょう》官《かん》　□《き》官《かん》

⑥ □《ふる》巣《す》　巣《す》□《ばこ》

⑦ □《かん》察《さつ》　□《こう》察《さつ》

⑧ □《き》候《こう》　□《てん》候《こう》

⑨ □《せん》兆《ちょう》　□《よ》兆《ちょう》

⑩ 億《おく》□《まん》　億《おく》□《ちょう》

⑪ □《て》鏡《かがみ》　鏡《きょう》□《だい》

⑫ □《ゆう》害《がい》　害《がい》□《あく》

23 ペアじゅく語づくり ⑮

名前

✿ 二つの漢字を組み合わせてじゅく語をつくりましょう。

① 刷《さっ》□《しん》　□《いん》刷《さつ》

② □《じ》治《ち》　治《ち》□《あん》

③ 倉《そう》□《こ》　□《こめ》倉《ぐら》

④ □《ひょう》札《さつ》　□《な》札《ふだ》

⑤ □《せい》功《こう》　功《こう》□《みょう》

⑥ □《がっ》器《き》　□《しょっ》器《き》

⑦ 英《えい》□《ご》　□《にち》英《えい》

⑧ 牧《ぼく》□《じょう》　□《ゆう》牧《ぼく》

⑨ □《かん》冷《れい》　冷《れい》□《き》

⑩ □《あん》唱《しょう》　□《がっ》唱《しょう》

⑪ □《こく》富《ふ》　富《ふ》□《じ》

⑫ □《ふく》井《い》(県)　井《い》□《ど》

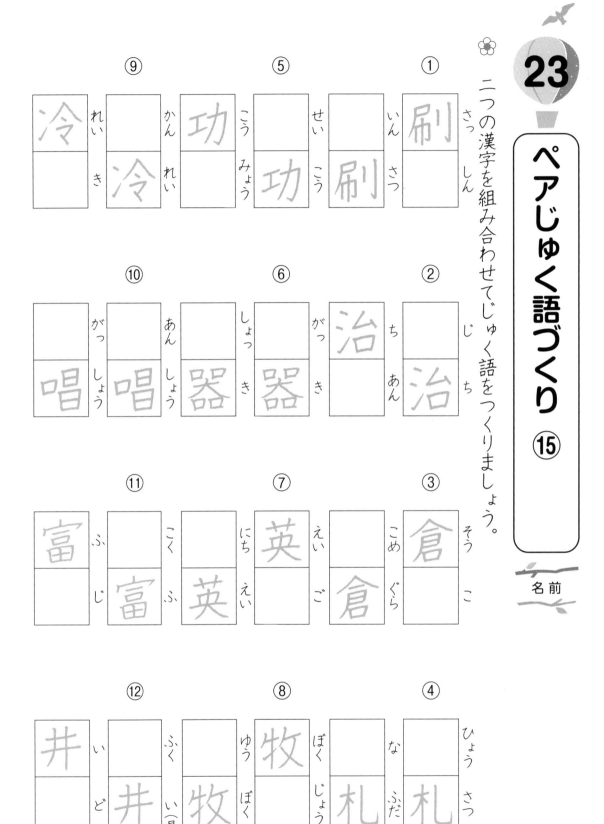

23 ペアじゅく語づくり ⑯

名前

二つの漢字を組み合わせてじゅく語をつくりましょう。

①
□《あっ》化《か》
□《りょっ》化《か》

②
洋《よう》□《しき》
洋《よう》□《かん》

③
急《きゅう》□《りゅう》
急《きゅう》□《てん》

④
□《しょう》業《ぎょう》
□《こう》業《ぎょう》

⑤
□《ちょう》和《わ》
□《しょう》和《わ》

⑥
勝《しょう》□《しゃ》
勝《しょう》□《ぶ》

⑦
鉄《てっ》□《きゅう》
鉄《てっ》□《ぱん》

⑧
□《び》談《だん》
□《めん》談《だん》

⑨
□《やく》所《しょ》
□《じゅう》所《しょ》

⑩
消《しょう》□《そく》
消《しょう》□《きょ》

⑪
□《かん》想《そう》
□《はっ》想《そう》

⑫
遊《ゆう》□《えい》
遊《ゆう》□《ぐ》

24 送りがなのある漢字 ①

名前

三年生で習った漢字を送りがなもいっしょに書きましょう。

① みじかい
② まがる
③ おわる
④ かわる
⑤ なげる
⑥ あらわす
⑦ おちる
⑧ かなしい
⑨ かつ
⑩ おきる
⑪ ゆだねる
⑫ まもる
⑬ おきる
⑭ うつくしい
⑮ さす
⑯ やどす
⑰ そそぐ
⑱ ひとしい
⑲ そらす
⑳ はなつ
㉑ あつめる
㉒ うつす
㉓ うごく
㉔ つかう
㉕ あたたかい

／

24 送りがなのある漢字 ②

名前

✿ 四年生で習った漢字を送りがなもいっしょに書きましょう。

① あらためる
② うまれる
③ こころみる
④ かえりみる
⑤ かわる
⑥ あびる
⑦ むらがる
⑧ とぶ
⑨ かかわる
⑩ おぼえる
⑪ つたえる
⑫ もっとも
⑬ いわう
⑭ つむ
⑮ つらなる
⑯ まいる
⑰ ねがう
⑱ (試合《しあい》に) やぶれる
⑲ つめたい
⑳ (プリントを) する
㉑ つづく
㉒ もとめる
㉓ かたまる
㉔ のこる
㉕ (病気を) なおす

25

都道府県コンプリート①

名前

次の都《と》道《どう》府《ふ》県《けん》の漢字をなぞりましょう。

北《ほっ》海《かい》道《どう》

青《あお》森《もり》

岩《いわ》手《て》

宮《みや》城《ぎ》

秋《あき》田《た》

山《やま》形《がた》

福《ふく》島《しま》

北《ほっ》海《かい》道《どう》

秋《あき》田《た》 青《あお》森《もり》

山《やま》形《がた》 岩《いわ》手《て》

福《ふく》島《しま》 宮《みや》城《ぎ》

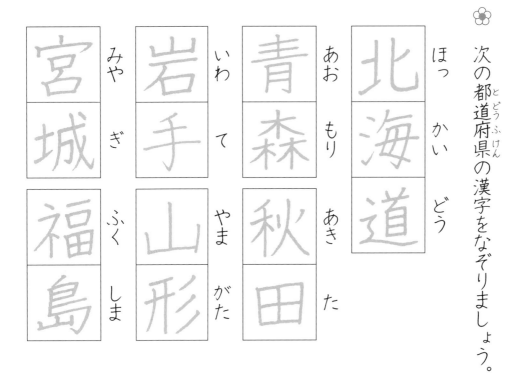

25 都道府県コンプリート②

名前

次の都道府県《とどうふけん》の漢字をなぞりましょう。

茨《いばら》城《き》

千《ち》葉《ば》

栃《とち》木《ぎ》

東《とう》京《きょう》

群《ぐん》馬《ま》

埼《さい》玉《たま》

神《か》奈《な》川《がわ》

栃《とち》木《ぎ》　茨《いばら》城《き》

群《ぐん》馬《ま》　東《とう》京《きょう》

埼《さい》玉《たま》　千《ち》葉《ば》

神《か》奈《な》川《がわ》

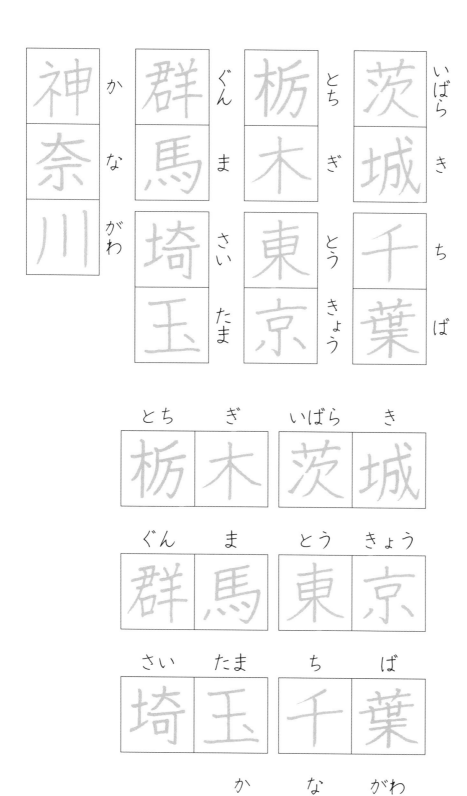

25 都道府県コンプリート③

名前

次の都道府県《とどうふけん》の漢字をなぞりましょう。

新《にい》潟《がた》

山《やま》梨《なし》

富《と》山《やま》

長《なが》野《の》

石《いし》川《かわ》

岐《ぎ》阜《ふ》

福《ふく》井《い》

愛《あい》知《ち》

静《しず》岡《おか》

石《いし》川《かわ》

新《にい》潟《がた》

山《やま》梨《なし》

福《ふく》井《い》　富《と》山《やま》

岐《ぎ》阜《ふ》　長《なが》野《の》

愛《あい》知《ち》　静《しず》岡《おか》

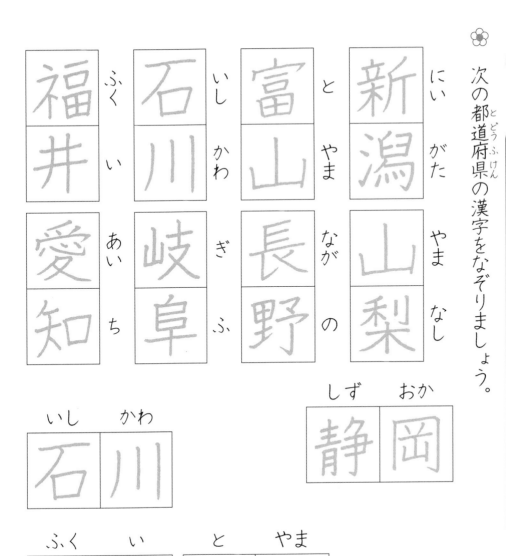

25 都道府県コンプリート④

名前

次の都道府県《とどうふけん》の漢字をなぞりましょう。

滋《し》賀《が》
三《み》重《え》

京《きょう》都《と》
奈《な》良《ら》

兵《ひょう》庫《ご》
大《おお》阪《さか》

和《わ》歌《か》山《やま》

滋《し》賀《が》
三《み》重《え》

京《きょう》都《と》
兵《ひょう》庫《ご》

奈《な》良《ら》
大《おお》阪《さか》

和《わ》歌《か》山《やま》

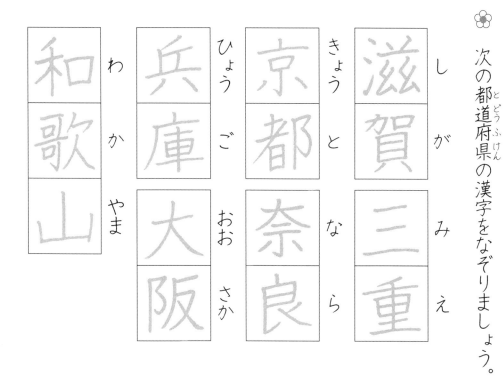

25 都道府県コンプリート⑤

名前

次の都《と》道《どう》府《ふ》県《けん》の漢字をなぞりましょう。

香《か》川《がわ》　鳥《とっ》取《とり》　島《しま》根《ね》　山《やま》口《ぐち》

徳《とく》島《しま》　愛《え》媛《ひめ》　岡《おか》山《やま》　広《ひろ》島《しま》

高《こう》知《ち》

山《やま》口《ぐち》　島《しま》根《ね》　鳥《とっ》取《とり》

愛《え》媛《ひめ》　香《か》川《がわ》　広《ひろ》島《しま》

高《こう》知《ち》　徳《とく》島《しま》　岡《おか》山《やま》

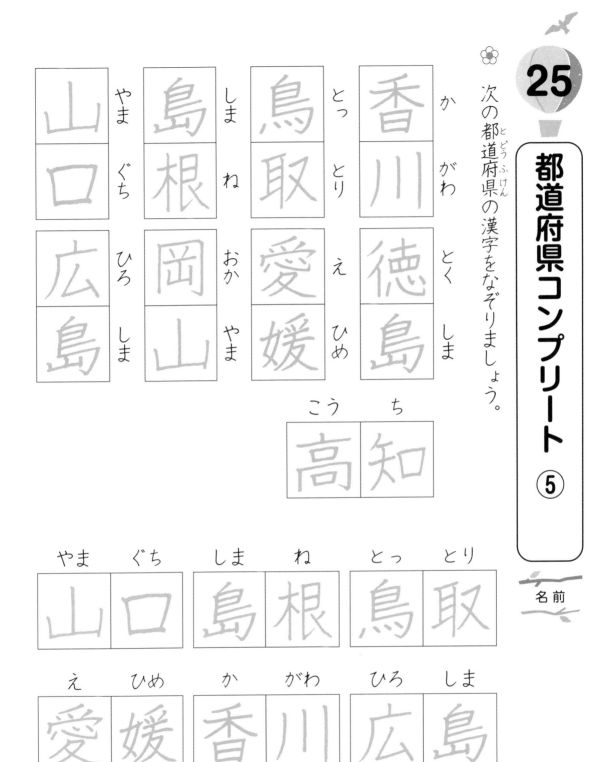

25 都道府県コンプリート ⑥

名前

次の都道府県《とどうふけん》の漢字をなぞりましょう。

福《ふく》岡《おか》

大《おお》分《いた》

佐《さ》賀《が》

宮《みや》崎《ざき》

長《なが》崎《さき》

熊《くま》本《もと》

鹿《か》児《ご》島《しま》

沖《おき》縄《なわ》

福《ふく》岡《おか》

大《おお》分《いた》

宮《みや》崎《ざき》

佐《さ》賀《が》

長《なが》崎《さき》

熊《くま》本《もと》

鹿《か》児《ご》島《しま》

沖《おき》縄《なわ》

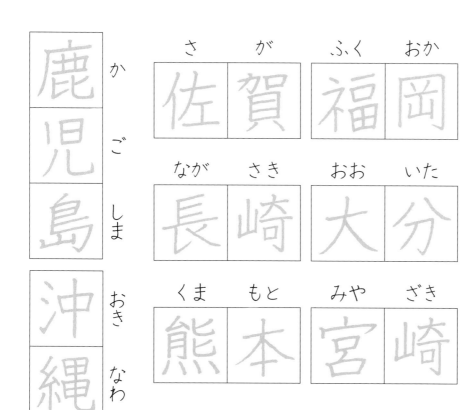

26 漢字辞典の使い方 ①

名前

漢字辞典《じてん》を音訓《おんくん》さくいんでひく場合、音読みをカタカナで、訓読みをひらがなで一つ書きましょう。

	漢字	音読み ㋐	訓読み ㋑
①	飛	ヒ	と(ぶ)
②	建		
③	例		
④	照		
⑤	熱		
⑥	辞		
⑦	成		
⑧	類		
⑨	覚		
⑩	伝		
⑪	説		
⑫	必		

26

漢字辞典の使い方 ②

名前

漢字辞典《じてん》を部首さくいんでひく場合、部首の画数を漢数字で書きましょう。

① 冖　わかんむり　（　　）画

② 亠　なべぶた　（　　）画

③ 亻　にんべん　（　　）画

④ 宀　うかんむり　（　　）画

⑤ 广　まだれ　（　　）画

⑥ 彳　ぎょうにんべん　（　　）画

⑦ 木　きへん　（　　）画

⑧ 殳　るまた　（　　）画

⑨ 月　つきへん　（　　）画

⑩ 疒　やまいだれ　（　　）画

⑪ 禾　のぎへん　（　　）画

⑫ 癶　はつがしら　（　　）画

⑬ 衤　ころも・ころもへん　（　　）画

⑭ 言　ごんべん　（　　）画

⑮ 囗　くにがまえ　（　　）画

26 漢字辞典の使い方 ③

名前

漢字を漢字辞典《じてん》で調べます。どのように調べるとよいですか。（　）にあてはまる言葉を書きましょう。

(1) 村

① 部首さくいんを使う場合…画数（　　画）の部首（　　）のところを見る。

② 総画《そうかく》さくいんを使う場合…総画（　　画）のところを見る。

③ 音訓《おんくん》さくいんを使う場合…音読み（　　）か、訓読み（　　）のところを見る。

(2) 花

① 部首さくいんを使う場合…画数（　　画）の部首（　　）のところを見る。

② 総画さくいんを使う場合…総画（　　画）のところを見る。

③ 音訓さくいんを使う場合…音読み（　　）か、訓読み（　　）のところを見る。

ヒント

くさかんむり
わかんむり
のぎへん
きへん

26

漢字辞典の使い方 ④

名前

❀ 漢字を漢字辞典《じてん》で調べます。どのように調べるとよいですか。（　）にあてはまる言葉を書きましょう。

(1) 体

① 部首さくいんを使う場合…画数（　　画）の部首（　　　　）のところを見る。

② 総画《そうかく》さくいんを使う場合…総画（　　画）のところを見る。

③ 音訓《おんくん》さくいんを使う場合…音読み（　　　　）か、訓読み（　　　　）のところを見る。

(2) 話

① 部首さくいんを使う場合…画数（　　画）の部首（　　　　）のところを見る。

② 総画さくいんを使う場合…総画（　　画）のところを見る。

③ 音訓さくいんを使う場合…音読み（　　　　）か、訓読み（　　　　）のところを見る。

ヒント
にんべん
きへん
ごんべん
てへん

27 じゅく語から作文 ①

名前

✿ 次のじゅく語の意味が分かるような文を書きましょう。

1 にた意味をもつ漢字の組み合わせ

〈例《れい》〉① 運送（運んだり、送ったりすること。）

② 衣服《いふく》（　）

③ 競争《きょうそう》（　）

2 反対の意味をもつ漢字の組み合わせ

〈例〉① 明暗（明るいことと暗いこと。）

② 生死（　）

③ 白黒（　）

27 じゅく語から作文 ②

名前

✿ 次のじゅく語の意味が分かるような文を書きましょう。

1 上の漢字が下の漢字をしゅうしょくする組み合わせ

〈例《れい》〉① 木刀（木《き》の刀のこと。）

② 良薬（　　　）

③ 国旗《こっき》（　　　）

2 下の字が上の漢字の目的の組み合わせ

〈例〉① 消火（火を消すこと。）

② 挙手《きょしゅ》（　　　）

③ 借家《しゃくや》（　　　）

28 ローマ字で書こう ①

名前

ローマ字の表し方を、表をなぞり書きしてたしかめましょう。

	段《だん》		ア	イ	ウ	エ	オ			
行	大文字		A	I	U	E	O			
		小文字	a	i	u	e	o			
ア	A	a	あ a	い i	う u	え e	お o			
カ	K	k	か ka	き ki	く ku	け ke	こ ko	きゃ kya	きゅ kyu	きょ kyo
サ	S	s	さ sa	し si (shi)	す su	せ se	そ so	しゃ sya (sha)	しゅ syu (shu)	しょ syo (sho)
タ	T	t	た ta	ち ti (chi)	つ tu (tsu)	て te	と to	ちゃ tya (cha)	ちゅ tyu (chu)	ちょ tyo (cho)
ナ	N	n	な na	に ni	ぬ nu	ね ne	の no	にゃ nya	にゅ nyu	にょ nyo
ハ	H	h	は ha	ひ hi	ふ hu (fu)	へ he	ほ ho	ひゃ hya	ひゅ hyu	ひょ hyo
マ	M	m	ま ma	み mi	む mu	め me	も mo	みゃ mya	みゅ myu	みょ myo
ヤ	Y	y	や ya		ゆ yu		よ yo			
ラ	R	r	ら ra	り ri	る ru	れ re	ろ ro	りゃ rya	りゅ ryu	りょ ryo
ワ	W	w	わ wa				を wo			
ン	N	n	ん※ n							
ガ	G	g	が ga	ぎ gi	ぐ gu	げ ge	ご go	ぎゃ gya	ぎゅ gyu	ぎょ gyo
ザ	Z	z	ざ za	じ zi (ji)	ず zu	ぜ ze	ぞ zo	じゃ zya (ja)	じゅ zyu (ju)	じょ zyo (jo)
ダ	D	d	だ da	ぢ di	づ du	で de	ど do	ぢゃ dya	ぢゅ dyu	ぢょ dyo
バ	B	b	ば ba	び bi	ぶ bu	べ be	ぼ bo	びゃ bya	びゅ byu	びょ byo
パ	P	p	ぱ pa	ぴ pi	ぷ pu	ぺ pe	ぽ po	ぴゃ pya	ぴゅ pyu	ぴょ pyo

※コンピュータに文字を入力するときは、ん→nnのように打ちます。

28 ローマ字で書こう②

名前

ローマ字の表し方を、なぞり書きしてたしかめましょう。

あ a	い i	う u	え e	お o
か ka	き ki	く ku	け ke	こ ko
さ sa	し si	す su	せ se	そ so
た ta	ち ti	つ tu	て te	と to
な na	に ni	ぬ nu	ね ne	の no
は ha	ひ hi	ふ hu	へ he	ほ ho
ま ma	み mi	む mu	め me	も mo
や ya		ゆ yu		よ yo
ら ra	り ri	る ru	れ re	ろ ro
わ wa		を wo		ん n
し shi	ち chi	つ tsu	ふ fu	じ ji
ぢ di	づ du	おー ô		

29

物語のもと ①

名前

✿ 言葉を自由に線で結《むす》んで、物語のもとになる登場人物をつくりましょう。

あるところに

① 気のいい ・ ・ 戦士《せんし》
② ゆうかんな ・ ・ まほう使い
③ たのもしい ・ ・ 王子様
④ 熱心《ねっしん》な ・ ・ 王様
⑤ やさしい ・ ・ おひめ様
⑥ 力強い ・ ・ 女王
⑦ かしこい ・ ・ おじいさん
⑧ 真面目な ・ ・ おばあさん
⑨ 器用《きよう》な ・ ・ ドラゴン
⑩ 用心深い ・ ・ モンスター

と

ずうずうしい ・ ・ 戦士
のんきな ・ ・ まほう使い
らんぼうな ・ ・ 王子様
つんとした ・ ・ 王様
強がりな ・ ・ おひめ様
用心深い ・ ・ 女王
気弱な ・ ・ おじいさん
短気な ・ ・ おばあさん
あやしい ・ ・ ドラゴン
気味が悪い ・ ・ モンスター

がいました。

29 物語のもと ②

名前

言葉を自由に線で結《むす》んで、物語の書き出しをつくりましょう。

今からするお話は

① だれも知らない、	とても	むちゅうになった
② ずっと言いたかった、	すごく	心が晴れる
③ 二度としたくない、	たいへん	心がはずむ
④ 思い出したくない、	なぜだか	冷《ひ》やあせをかく
⑤ 今まで言えなかった、	少し	うっとりする
⑥ 今だから言える、	ちょっと	ぐっとくる
⑦ はじめて言う、	かなり	きょうみ深い
⑧ 今思い出しても、	はげしく	気味が悪い
⑨ 今ふり返っても、	はなはだ	むねがいっぱいになる
⑩ わすれられない、	きわめて	頭をかかえたくなる
⑪ 何度も思い出す、	おおいに	引きつけられた

お話です。

30 言葉のグリッド ①

名前

お題から思いうかぶ言葉を九こ、書きましょう。

① お題 春

		花見
		入学式
		さくら

② お題 夏

		夏休み
		プール
		暑い

③ お題 秋

④ お題 冬

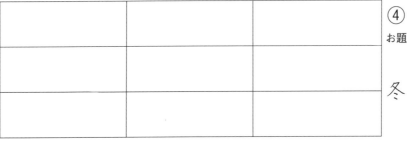

30 言葉のグリッド ②

名前

お題から思いうかぶ言葉を十六こ、書きましょう。

① お題 遠足

			しおり
			歩く
			水とう

② お題 運動会

			プログラム
			走る
			ぼう子

31 慣用句《かんようく》 ①

名前

✿ □にあてはまる植物に関係する言葉を□から選《えら》んで書きましょう。

① 〔種〕を明かす。

② □を結《むす》ぶ。

③ □を持たせる。

④ □に持つ。

⑤ 青□に塩《しお》。

⑥ □をわったようなせいかく。

⑦ □が出る。

⑧ 根も□もない。

⑨ □に竹をつぐ。

⑩ 道□を食う。

草　菜《な》　根　木　花　葉　実　芽　種《たね》　竹

31 慣用句《かんようく》 ②

名前

□にあてはまるカタカナの言葉を□から選《えら》んで書きましょう。

① メス を入れる。

② □ をわたす。

③ □ を上げる。

④ □ に包《つつ》む。

⑤ □ を置《お》く。

⑥ □ を打つ。

⑦ □ が外れる。

⑧ □ を切る。

⑨ □ がかかる。

⑩ □ を温める。

（メス）　ピリオド　バトン　ピント　ペース　トップ　オブラート　エンジン　ウエート　ベンチ

32

まちがいさがし ①

名前

左右の絵でちがっているところが五つあります。右の絵をもとにして説明《せつめい》しましょう。

〈右〉

〈左〉

一つ目は、うちゅう船のまどの色がちがうところです。

二つ目は、　ところです。

三つ目は、　ところです。

四つ目は、　ところです。

五つ目は、　ところです。

32

まちがいさがし ②

名前

左右の絵でちがっているところが五つあります。右の絵をもとにして説明《せつめい》しましょう。

〈右〉

〈左〉

一つ目は、右のウサギが左手に持っている道具がちがうところです。

二つ目は、　　ところです。

三つ目は、　　ところです。

四つ目は、　　ところです。

五つ目は、　　ところです。

33 物語を一文で ①

名前

あなたが最近《さいきん》読んだ物語の感想を、ヒントの言葉をたくさん使って一文でまとめて書きましょう。

物語名	一文で
	作品。

ヒント

予想どおりの　身近な　望《のぞ》ましい　すばらしい　みりょくがある

かんぺきな　さすがな　きょうみ深い　ゆとりのある　力強い

はげしい　ささやかな　こだわる　気が遠くなる　熱《ねつ》が冷《さ》める

心温まる　感動する　くらべものにならない　心が動く　心が晴れる

期待する　関心《かんしん》をもつ　特色《とくしょく》のある　むねがいっぱい　心がはずむ

引きつけられる　注意したい　二つとない　頭をかかえる　冷《ひ》やあせをかく

む中になる　苦手な　言うことなしの　親しみのある　あっけにとられる

作品。

33 始めから終わりまで ②

読んだ物語の主人公が変化《へんか》していく様子を、〈始め〉〈中〉〈終わり〉の順《じゅん》に説明《せつめい》しましょう。

名前

〈物語の題〉		
〈始め〉 始めのじょうたいをまとめる	〈中〉 変化のきっかけやイベントをまとめる	〈終わり〉 変化後の様子をまとめる
始めは だった主人公が、	〜を通して、	〜なった（変化した）。

34 アリバイ作文 ①

名前

✿ 絵を見て、いつ、どこで、何をしていたかをお話にしましょう。

朝起きて、カエルたんは、たくさんコピーをとりました。そしてし料《りょう》をつくりました。

お昼前に、

お昼すぎに、

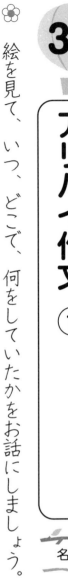

34 アリバイ作文 ②

名前

時計と絵を見て、いつ、どこで、何をしていたかをお話にしましょう。

八時ごろ、学校へ行き、くつをはきかえました。
友達《ともだち》に「おはよう。」と言いました。

十時ごろ、

十二時ごろ、

35 なやみごと相談作文 ①

なやみごとを三つに分けて、相談に乗ってあげましょう。なぞり書きもしましょう。

名前

なやみごと	受け止める	てい案《あん》する	はげます
うまく飛《と》べないのでこまっています。（ニワトリ）	㋐ なるほど、飛べないんですね。	㋑ でも十分生きていけます。飛べても落ちてしまったら大変《たいへん》です。	㋒ 今までどおり、地面に足をつけて生きているだけですばらしいと思います。

35

なやみごと相談作文 ②

名前

なやみごとを三つに分けて、相談に乗ってあげましょう。

なやみごと	㋐ 受け止める	㋑ てい案《あん》する	㋒ はげます
どうしても遊んでしまって、宿題ができません。どうすればいいでしょうか。（小学校四年　男子）			

36 どっちの意見文？ ①

名前

✿ どちらがいいか○をつけ、その理由を二つ、選《えら》ばなかった方のいい所（反ろん）を一つ書きましょう。

Q. 夏休みと冬休み、どちらがいいですか。

夏休み	冬休み

〈結《けつ》ろん〉

わたしは（　　　　　）がいいと思います。

〈理由①〉

まず、

〈理由②〉

次に、

〈反ろん〉

（　　　　　）も

が、

〈結ろん〉

それでも、わたしは（　　　　　）がいいと思います。

36 どっちの意見文？ ②

名前

❀ どちらがいいか○をつけ、その理由を二つ、選《えら》ばなかった方のいい所（反ろん）を一つ書きましょう。

Q. 海外旅行と国内旅行、どちらがいいですか。

海外旅行	国内旅行

〈結《けつ》ろん〉
わたしは（　　　）がいいと思います。

〈理由①〉
まず、

〈理由②〉
次に、

〈反ろん〉
（　　　）も
ですが、

〈結ろん〉
それでも、わたしは（　　　）がいいと思います。

37

三題話 ①

名前

✿ 三つのお題をお話に取り入れて、作品をつくりましょう。

お題
一、空きかん
二、早朝
三、魚

お話づくりメモ

・早朝に魚つりに行った。
・魚はつれなかったが、空きかんをつった。

37

三題話 ②

名前

三つのお題をお話に取り入れて、作品をつくりましょう。

お題
一、わすれ物
二、夏休み
三、旅

お話づくりメモ

・わすれ物に気づく。
・夏休みに旅行に行ったところ。

38 キャラクターづくりシート①

名前　　／

□の言葉をヒントに、物語の登場人物を二人、自由につくりましょう。

登場人物A

名前

人物。

登場人物B

名前

人物。

登場人物のヒント

美しい　すなおな　感じがよい　いさましい　おくびょうな　心やさしい

いばる　ぼんやりした　どっしりした　注意深い　一生けんめいな　りこうな

陽気な　ほがらかな　がんばり屋の　まじめな　のんびりした　おとなしい

活発な　おこりっぽい　はっきりした　せいけつな　負けずぎらいな　ていねいな

38 キャラクターづくりシート ②

名前

□の言葉をヒントに、物語の登場人物を三人、自由につくりましょう。

登場人物A
名前

人物。

登場人物B
名前

人物。

登場人物C
名前

人物。

登場人物のヒント

行動力のある　さっぱりした　のんきな　つんとした　生意気な　あらい
たのもしい　あっさりした　温和な　気弱な　ずうずうしい　きつい
熱心《ねっしん》な　根気強い　気のいい　短気な　用心深い　おさない
ゆうかんな　器用《きよう》な　はげしい　いいかげんな　強がりな　せいけつな

39

じこしょうかいシート ①

名前

自分の好《す》きな物、とく意なことをリストから選《えら》んでじこしょうかいし、みんなと仲良《なかよ》くなりましょう。

名前

「こんにちは、（　　　　　　　　）です。」

好きな物・とく意なことリスト

□ 食べ物　□ スポーツ　□ 遊び　□ グッズ　□ まん画・本

□ 生き物　□ 勉強　□ アニメ　□ キャラ　□（　　　　）

じこしょうかい

わたしは　　　　　　　　　　　　　　が、好きです。

なぜなら、

　　　　　　　　　　　　　　　　　　だからです。

（　　　　　　）が好きな人は、ぜひいっしょに、

　　　　　　　　　　　　　　　　　しましょう！

「お待ちしています！」

39 じこしょうかいエピソードシート②

名前

お話のもとリストを参考《さんこう》にしながら、自分のイメージを伝《つた》えるエピソードシートをつくりましょう。

「こんにちは、（　　　　）です。」

「最近《さいきん》のわたしのエピソードをお話しします。」

お話のもとリスト

□食べ物で
□動物で
□スポーツで
□勉強で
□遊びで
□旅行で
□買い物で
□とく意なもの
□苦手なもの

□楽しかったこと
□びっくりしたこと
□こわかったこと
□とくしたこと
□残念《ざんねん》だったこと
□ラッキーだったこと
□悲しかったこと
□大笑《おおわら》いしたこと
□すごいと思ったこと

「〜というものでした。
これからも、よろしくお願《ねが》いします。」

はじめ	中		まとめ
いつ・どこ・だれ？	はじまり	終わり	全体をひとことで

40 ミニ新聞を書こう ①

名前

上のニュースのリストを見て、書いてみたい見出しと内ようをメモ書きしましょう。

ニュースのリスト
□ 学校がタワーマンションに！
□ タイムマシーンはん売開始！
□ 一家に一つ？どこでもドアていきょう！
□ 空《そら》飛《と》ぶランドセル！
□ うちゅう人ホームステイ！
□ 火星小学校、ぼ集開始！
□ 深海小学校、ぼ集開始！
□ 水道からオレンジジュース！スムージーも！
□ プールが流れるプールに！スライダーも！
□ 全校にジェットコースターせっ置《ち》！
□ 自分の部屋が学校に！
□ 学校給食《きゅうしょく》がバイキングに変《へん》こう！

書いてみたい見出し	

内よう		
	いつ？	どこで？
	何が？	どうなった？
	くわしく	

40

ミニ新聞を書こう②

名前

新聞の名前、大見出し、小見出し、リード文、本文を書きましょう。

図や表
図や表をのせて記事をわかりやすくする。

大見出し
短い言葉で記事の内ようを表す。

小見出し
記事をよりわかりやすくするために、文章と合わせてこう果《か》的に配置《はいち》する。

（新聞の名前）

（　　　　）新聞

発行日
年
月　日
発行者

大見出し

小見出し

図や表

本文
記事で伝えたいことを、時間の順番《じゅんばん》で書く。
インタビューや飛《と》びこんでくるじょうほうをもりこむ。
最後《さいご》に感想や意見でまとめる。

リード文
記事のおおまかな内ようを書く。
記事の内ようが、いつ、どこで、なにがあった、だれが、どうした、どうなっているを短く伝《つた》える。

41 四季《しき》のはいく ①

名前

五・七・五で、春のはいくを自由につくってみましょう。

①

うぐいすや
はなぐもりなり
はるのそら

②

③

④

小さい「や・ゆ・よ」は上の字と同じマスに書きましょう。

ヒント五七五

はるのそら	やえざくら	うぐいすや
はるのうみ	ちゃつみうた	しおひがり
はなふぶき	れんげそう	よもぎもち
はなぐもりなり	もんしろちょうの	ふきのとうたつ
シャボンだまふく	アスパラガスと	はるいちばんか

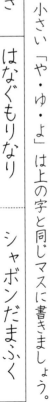

41 四季《しき》のはいく ②

名前

五・七・五で、夏のはいくを自由につくってみましょう。

①

うみびらき　かいすいよくの　なつのそら

②

③

④

小さい「や・ゆ・よ」は上の字と同じマスに書きましょう。

ヒント五七五		
さくらんぼ	せおよぎで	うみびらき
ねったいぎょ	みずぎかな	はなびかな
なつのそら	ひをあびて	むぎわらの
てんとうむしか	ソフトクリーム	かいすいよくの
みずでっぽうの	しょちゅうみまいか	せんこうはなび

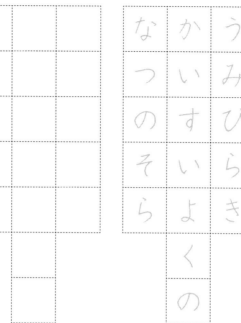

41 四《し》季《き》のはいく ③

名前

五・七・五で、秋のはいくをつくりましょう。

①

②

③

④

小さい「や・ゆ・よ」は上の字と同じマスに書きましょう。

ヒント五七

あきまつり	ほうせんか	あきのかぜ
もみじがり	ひがんばな	さつまいも
ほんをよむ	こおろぎと	いわしぐも
まつりばやしと	あきばれたかく	いんげんまめと
とうもろこしと	コスモスさいた	おちぼをひろう

41 四《し》季《き》のはいく ④

名前

五・七・五で、冬のはいくをつくりましょう。

①

②

③

④

小さい「や・ゆ・よ」は上の字と同じマスに書きましょう。

ヒント五七

まどのゆき	ゆきあかり	としのくれ
クリスマス	しずかなり	おおみそか
ふゆのよる	しろいいき	おとしだま
サンタクロース	トナカイのそり	しめなわかざり
ふくろにつめる	かねのひびきや	こたつにこもる

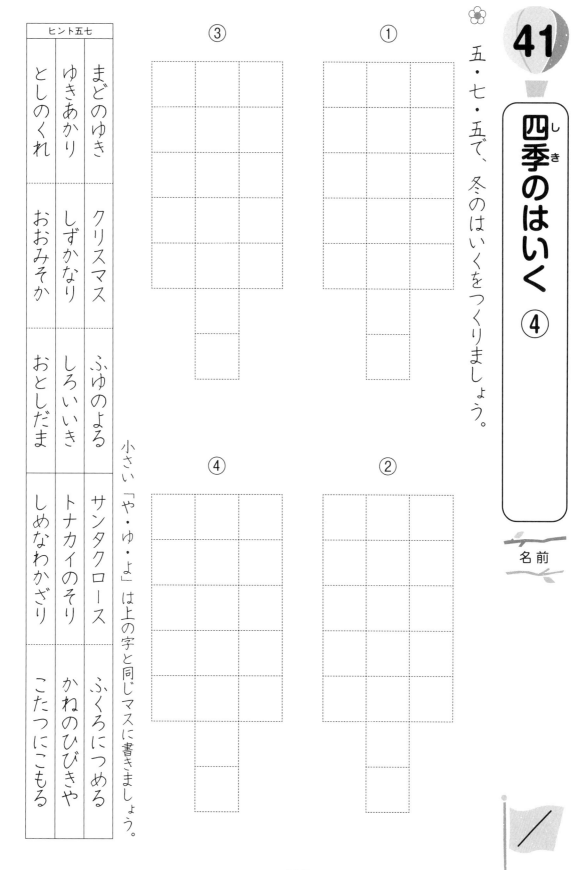

42

細切《こまぎ》り短歌 ①

名前

❀ 春の短歌を五・七・五・七・七で区切ってみましょう。

① 来《こ》ぬ人《ひと》をまつほの浦《うら》の夕《ゆう》なぎに焼《や》くやもしほの身《み》もこがれつつ

権《ごん》中《ちゅう》納《な》言《ごん》定《さだ》家《いえ》

② ひさかたの光《ひかり》のどけき春《はる》の日《ひ》にしづ心《こころ》なく花《はな》の散《ち》るらむ

紀友則《きのとものり》

③ 花《はな》さそふ嵐《あらし》の庭《にわ》の雪《ゆき》ならでふりゆくものはわが身《み》なりけり

入道前太政大臣《にゅうどうさきのだいじょうだいじん》

④ いにしへの奈《な》良《ら》の都《みやこ》の八《や》重《え》桜《ざくら》けふ九重《ここのえ》ににほひぬるかな

伊《い》勢《せ》大《だい》輔《すけ》

42

細切《こまぎ》り短歌 ②

名前

✿ 夏の短歌を五・七・五・七・七で区切ってみましょう。

① 春《はる》すぎて夏来《なつき》にけらし白妙《しろたえ》の衣《ころも》ほすてふ天《あま》の香具山《かぐやま》

持統天皇《じとうてんのう》

② 夏《なつ》の夜《よ》はまだ宵《よい》ながらあけぬるを雲《くも》のいづこに月《つき》やどるらむ

清原深養父《きよはらのふかやぶ》

③ 風《かぜ》そよぐならの小川《おがわ》の夕暮《ゆうぐ》れはみそぎぞ夏《なつ》のしるしなりける

従二位家隆《じゅにいいえたか》

④ 五月雨《さみだれ》の晴《は》れ間《ま》にいでて眺《のぞむ》れば青田《あおた》すずしく風《かぜ》わたるなり

良寛《りょうかん》

42 細切《こまぎ》り短歌 ③

名前

秋の短歌を五・七・五・七・七で区切ってみましょう。

① 奥山《おくやま》にもみぢふみわけ鳴《な》く鹿《しか》の声《こえ》聞《き》くときぞ秋《あき》はかなしき

猿丸太夫《さるまるのたいふ》

② 八重《やえ》むぐらしげれる宿《やど》のさびしきに人こそ見《み》えね秋《あき》は来《き》にける

恵慶法師《えぎょうほうし》

③ これやこの行《ゆ》くも帰《かえ》るも別《わか》れては知《し》るも知《し》らぬも逢坂《あふ（おう）さか》の関《せき》

蟬丸《せみまる》

④ 見《み》わたせば花ももみぢもなかりけり浦《うら》の苫屋《とまや》の秋《あき》の夕暮《ゆうぐれ》

藤原定家《ふじわらのさだいえ》

42 細切《こまぎ》り短歌 ④

名前

冬の短歌を五・七・五・七・七で区切ってみましょう。

① きりぎりす鳴《な》くや霜夜《しもよ》のさむしろに衣《ころも》かたしきひとりかも寝《ね》む

後京極摂政前太政大臣《ごきょうごくせっしょうさきのだいじょうだいじん》

② 朝《あさ》ぼらけ有明《ありあけ》の月《つき》とみるまでに吉野《よしの》の里《さと》にふれる白雪《しらゆき》

坂上是則《さかのうえのこれのり》

③ 山里《やまざと》は冬《ふゆ》ぞさびしさまさりける人《ひと》めも草《くさ》もかれぬと思《おも》へば

源《みなもとの》 宗于《むねゆき》朝臣《あそん》

④ かささぎの渡《わた》せる橋《はし》におく霜《しも》の白《しろ》きを見《み》れば夜《よ》ぞふけにける

中納言《ちゅうなごん》家持《やかもち》

43 百人一首に親しもう①

名前

最初《さいしょ》の一音が一首しかない「決まり字」の句《く》を、声に出して読んで覚《おぼ》えましょう。

決まり字とは、その歌を特定《とくてい》できる字(音)のことです。百人一首では、「む」「す」「め」で始まる歌は、①〜③の三首だけになります。決まり字を覚えておくことで、札《ふだ》を早く取ることができます。

① む

村雨《むらさめ》の　露《つゆ》もまだひぬ　槇《まき》の葉《は》に　霧《きり》たちのぼる　秋の夕《ゆふ》ぐれ

寂蓮法師《じゃくれんほうし》

② す

住《すみ》の江《え》の　岸《きし》に寄《よ》る波《なみ》　よるさへや　夢《ゆめ》のかよひ路《ぢ》　人目《ひとめ》よくらむ

藤原敏行朝臣《ふじわらのとしゆきあそん》

③ め

めぐり逢《あ》ひて　見《み》しやそれとも　わかぬ間《ま》に　雲隠《くもがく》れにし　夜半《よは》の月《つき》かな

紫式部《むらさきしきぶ》

43

百人一首に親しもう②

名前

最初《さいしょ》の一音が一首しかない「決まり字」の句《く》を、声に出して読んで覚《おぼ》えましょう。

①　ふ

吹《ふ》くからに　秋《あき》の草木《くさき》の　しをるれば　むべ山風《やまかぜ》を　あらしといふらむ

文屋康秀《ふんやのやすひで》

②　さ

さびしさに　宿《やど》をたち出《い》でて　ながむれば　いづくも同じ　秋《あき》の夕暮《ゆふぐ》れ

良暹法師《りょうぜんほうし》

③　ほ

ほととぎす　鳴《な》きつる方《かた》を　ながむれば　ただ有明《ありあけ》の　月《つき》ぞ残《のこ》れる

後徳大寺左大臣《ごとくだいじのさだいじん》

④　せ

瀬《せ》を早《はや》み　岩《いは》にせかるる　滝川《たきがは》の　われても末《すえ》に　逢《あ》はむとぞ思《おも》ふ

崇徳院《すとくいん》

44 なりきり詩人 ①

名前

好きなモノになりきって、想ぞうで詩をつくりましょう。

何になる？	何が見える？	どんな色？	どんな音がする？⑴	どんな音がする？⑵	どんな声が聞こえる？⑴	どんな声が聞こえる？⑵	何をしているところ？
↓①	↓②	↓③	↓④	↓⑤	↓⑥	↓⑦	↓⑧

① ぼくは、　　。

② まわりに　　が見える。

③ まわりは　　だらけ。

④ 　　と音がする。

⑤ 　　と音がする。

⑥ 　　と声がする。

⑦ 　　と声がする。

⑧ 今ぼく　　なんだ。

／

44 なりきり詩人 ②

名前

サンタクロースになりきって、想《そう》ぞうで詩をつくりましょう。

何になる？	だれにあげる？	どんなプレゼント？	どのようにとどける？	プレゼント(1)	プレゼント(2)	プレゼント(3)	プレゼントにこめるもの
サンタクロース							
↓①	↓②	↓③	↓④	↓⑤	↓⑥	↓⑦	↓⑧

ぼくは、サンタクロース　。

に

プレゼントを

とどけるよ。

といっしょに。

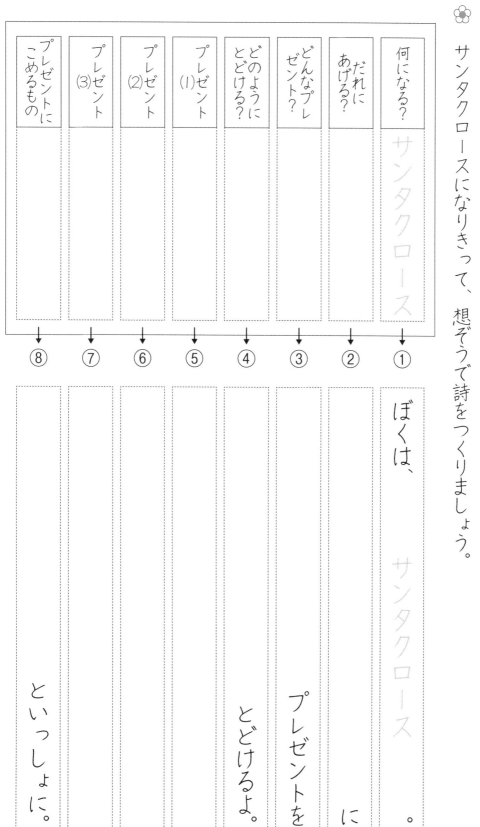

45

有名なはいく ①

名前

次の有名なはいくをなぞり書きし、作者を□から選《えら》んで書きましょう。

① めでたさも　中《ちゅう》位《くらい》なり　おらが春　□

② さみだれや　大《たい》河《が》を前に　家二《に》軒《けん》　□

③ 秋深し（き）　隣《となり》は何を　する人ぞ　□

ア　小林一茶《こばやしいっさ》
イ　与謝蕪村《よさぶそん》
ウ　松尾芭蕉《まつおばしょう》

45

有名なはいく ②

名前

次の有名なはいくをなぞり書きし、作者を□から選《えら》んで書きましょう。

① 古池や　蛙《かわず》飛《と》びこむ　水の音　□

② 雀《すずめ》の子　そこのけそこのけ　お馬が通る　□

③ 春の海　終日《ひねもす》のたり　のたりかな　□

ア　小林一茶《こばやしいっさ》　イ　与謝蕪村《よさぶそん》　ウ　松尾芭蕉《まつおばしょう》

46 五十マス作文

名前

✿「いつ」、「どこで」、「だれと」、「何を」、「なぜ」したかを五十〜六十字で書きましょう。

□ いつ？（昨日《きのう》・今日・土曜日・日曜日・お昼休み）

□ どこで？（学校・家・公園・図書室・教室・ろうか）

□ だれと？（友達《ともだち》・兄弟・家族）

□ 何を？（遊び・勉強・手伝《てつだ》い・お出かけ）

□ なぜ？（たん生日・イベント・行事・約束《やくそく》・決まり）

46

八十マス作文

名前

「いつ」、「どこで」、「だれと」、「何を」、「なぜ」、「どのように」したかを七十～八十字で書きましょう。

□いつ？
□どこで？
□だれと？
□何を？
□なぜ？
□どのように？

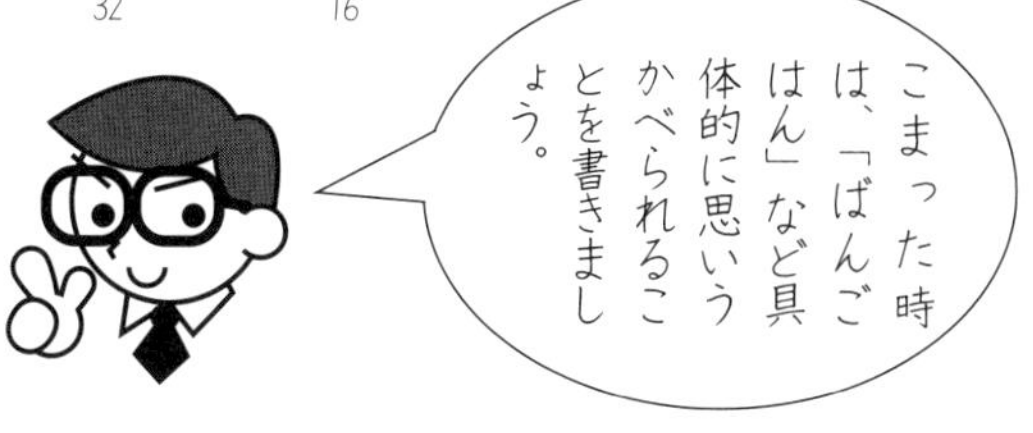
こまった時は、「ばんごはん」など具体的に思いうかべられることを書きましょう。

47 学習言葉 ①

名前

学習に使う言葉の意味を線で結《むす》びましょう。

① 要点《ようてん》 ・　・ ㋐ 事がらを短く、一つ一つ分けて書きならべること。

② かじょう書き ・　・ ㋑ 知りたいことについて、材料を集めること。（実さいに見る、インタビューする、アンケート調さをするなど）

③ 取材《しゅざい》 ・　・ ㋒ 目的《もくてき》や必要《ひつよう》におうじて、話・本・文章の内ようを短くまとめること。

④ 要約《ようやく》 ・　・ ㋓ 話などの中心となる大事な事がら。

⑤ 対《たい》ひ ・　・ ㋔ だん落とだん落がどのようにつながっているか。（例《れい》・問いかけ、答え、具体例《ぐたいれい》、説明《せつめい》、まとめ、ちゅう象化《しょうか》など）

⑥ 見出《みだ》し ・　・ ㋕ 二つの物をくらべて、ちがいをはっきりさせる方法《ほうほう》。

⑦ わりつけ ・　・ ㋖ 文章のまとまりのはじめに置《お》かれる、要点を短くまとめた言葉。

⑧ だん落の関係《かんけい》 ・　・ ㋗ 新聞などで、記事や見出し、写真・図・表などの大きさと、入れる場所を決めること。

47 学習言葉 ②

名前

／

✿ 物語学習に使う言葉の意味を線で結《むす》びましょう。

① じょう景《けい》 ・　　・ ㋐ 時、場所、人物など、物語全体に関《かか》わること。

② 会話文 ・　　・ ㋑ 人物の気持ちとひびき合うようにえがかれた風景や場面の様子。

③ 場面の変化《へんか》 ・　　・ ㋒ かぎ（「」）でしめしている登場人物の言葉。

④ せっ定 ・　　・ ㋓ 時間の順《じゅん》じょ（時けい列）などにしたがって変《か》わっていく場面の様子。

⑤ だん落 ・　　・ ㋔ 物語の地の文を語る人。

⑥ 地《じ》の文 ・　　・ ㋕ 会話文以外の文章。

⑦ 語り手 ・　　・ ㋖ 作品の題。登場人物や重要《じゅうよう》なアイテム、作品中の重要文などがある。

⑧ 題名 ・　　・ ㋗ 文章を組み立てている、できごとの内ようのまとまり。

48 作文・スピーチのタネ ①

名前

作文やスピーチがいつでもできるように、話のタネを書き出してみましょう。

	いつ？　どんなこと？　何があった？ 何がよかった？　どんなところが？
最近《さいきん》 うれしかったこと	
うれしかった思い出	
楽しかった旅行	
好《す》きな人 そんけいする人 目標《もくひょう》の人	
好きな場所 思い出の場所	
大切な物 思い出の物	
楽しかった旅行や イベント	

48 作文・スピーチのタネ ②

名前

作文やスピーチがいつでもできるように、話のタネを書き出してみましょう。

いつ？　どんなこと？　何があった？
何がよかった？　どんなところが？

あれっ？ と思ったこと	
どきっ！ としたこと	
むかっ！　いらっ！ としたこと	
え？　おかしい！ と思ったこと	
ひやっ！ としたこと	
ぞーっ！ としたこと	
にこっ！ としたこと	

49 インタビュー・あいづちのワザ ①

名前

次のしつ問言葉をなぞり書きし、声に出して使ってみましょう。

～というのは？ □

もう少しくわしく
教えて下さい！ □

例《たと》えば？ □

具体的には？ □

他には？ □

どんな感じですか？ □

～ということ？ □

49

インタビュー・あいづちのワザ ②

名前

次のあいづち言葉をなぞり書きし、声に出して使ってみましょう。

いいですね！ □

うん！ うん！ □

そうかー！ □

そうなんですね！ □

なるほど！ □

それで！？ □

へー！（ほー！） □

4年生　答え

【P．4】1．四場面絵本づくり①

(例)
題名　うちゅう人のおんがえし
順番　①→②→③→④

① ある日、流れ星が落ちてきました。
② 行ってみると、うちゅう人がこまっていました。
③ 家にある道具をかしてあげました。
④ お礼にロケットを作ってもらいました。

【P．5】1．四場面絵本づくり②

(例)
題名　スゴイスープ
順番　③→①→②→④

① きょ人さんの家からまほうの水をもらいました。
② まほうの水で育てた種はすごく大きくなりました。
③ その木から大きなトマトがたくさんとれました。
④ みんなでたくさんのスープをつくりました。

【P．6、7】

省りゃく

【P．8】3．主語と述語としゅうしょく語①

1
① 白い ライオンが 大きく ほえる。
② 黒い カラスが 森の 上を 飛ぶ。
③ 大つぶの 雨が はげしく ふる。
④ ふしぎな 光が あたりに うかぶ。
⑤ ボブは カレーを すべて 食べた。
⑥ きれいな チョウが 畑の 上を 飛ぶ。
⑦ オレンジ色の 光が まどを 横切る。

2
① 今日の カレーは とても からい。
② 子犬の ペロは かなり 小さい。
③ バラの 花は とても 赤い。
④ 二月の 朝は すごく 寒い。
⑤ キリンの 首は 馬より 長い。
⑥ 金や 銀の ねだんは けっこう 高い。
⑦ 特急は 急行よりも 九分ほど 速い。

【P．9】3．主語と述語としゅうしょく語②

1
① 今年も 白組が まちがいなく ゆう勝だ。
② わたしの 兄は 今年 中学生です。
③ わたしの 父は 会社の 社長です。
④ ゆめは プロの サッカー選手です。
⑤ クジラは 海に すむ ほにゅう類です。
⑥ 日本は アジアの 小さい 島国だ。
⑦ イモリは 池に すむ 両生類だ。

2
① 動物園に 白い ライオンが いる。
② 右に 曲がったら 出口が ある。
③ コインが 全部で 五まいほど ある。
④ 大事な 本が ここの 図書館に ある。
⑤ めずらしい 花が この 草原に ある。
⑥ 水族館に サメが 何びきも いる。
⑦ 不思議な 生き物が 公園に いる。

【P．10】3．主語と述語としゅうしょく語③

① オオカミは 羊を せまい 場所へ 追いこんだ。
② タンポポは 風を 使って タネを 遠くまで 飛ばした。
③ 昨日、ボブは プレゼントを おばあさんの 家へ 送った。
④ カメレオンは 体の 色を まわりの 色へ 変化させた。
⑤ 主人公は 大切な 白い 馬を 国王に うばわれた。
⑥ 刀を 持った ぶ士は 一気に 相手へ 近づいた。

⑦ 漁しはあみをサッと海に投げこんだ。
⑧ わたしは休み時間に借りた本を図書室へ返しに行く。

【P. 11】3. 主語と述語としゅうしょく語④

① 家のへいを、白いネコがゆっくり歩く。
② 熱いほのおを、大きなドラゴンは一気にはきだした。
③ 鉄でできたとびらを、たくさんの人がたたき続けた。
④ 見えない相手に、小さい子犬はワンワンとほえ続けた。
⑤ あらしの夜にきまって、真っ黒なモンスターがあらわれるのだ。
⑥ ステーキの次に、冷たいアイスがテーブルにならべられた。
⑦ 遠い国からもたくさんの手紙が学校に送られた。
⑧ すぐ近くを、きょ大な生き物がスーッと通りすぎていった。

【P. 12】4. 要約すると①

① 花が　さく。
② 器は　熱い。
③ 魚は　大きい。
④ トムは　行く。
⑤ 王様は　ながめた。
⑥ 小鳥が　やってくる。
⑦ メニューは　ピザだ。

【P. 13】4. 要約すると②

① マイケルは　買った。
② 今朝は　暑い。
③ 洋館は　古い。
④ 生き物は　小さい。
⑤ おひめ様は　美しい。
⑥ ジェーンは　もらった。
⑦ ポールは　速かった。

【P. 14】5. オノマトペ作文①

（例）① 目の前の人形が、ニッコリと笑いかけてきた。
② 交差点にあらわれたきょ人に、人々はパニックじょうたいになった。
③ 真っ暗なほらあなのおくから、大きな悲鳴が聞こえてきた。
④ なんと、十点と思っていたのに、百点だった。

【P. 15】5. オノマトペ作文②

（例）① なんと、目の前の山が真っ二つに開いていく。
② 強い風が教室中の物をふき飛ばした。
③ テストの最中に、クラス全員のえん筆が折れた。
④ うしろからとつ然、きょ大なハムスターの体当たりを受けた。

【P. 16】6. 擬人法①

自由かい答　※どれと結んでも正かい。

【P. 17】6. 擬人法②

自由かい答　※どれと結んでも正かい。

【P. 18】7. 体言止め①

① カエルは両生類
② トマトは野菜
③ ボブは友達
④ 豆きちは有名
⑤ 姉は高校生
⑥ サメは魚

【P. 19】7. 体言止め②

① ウミガメを助けたタロウ
② じいさまを助けた豆きち
③ 赤いぼう子を買ったレミー
④ ラスボスと戦った太一
⑤ おにたちをたい治したジロウ
⑥ 朝の散歩が大好きなポチ
⑦ 長い手紙を書いたカエール

【P. 20】8. 倒置法①

① 速い　チーターは
② あきらめない　わたしは

③ 必ず勝つ　四年A組は
④ ぜったい晴れる　明日は
⑤ やってくる　モンスターは
⑥ 美しすぎる　リーザは
⑦ あなたです　はん人は

【P．21】8．倒置法②

① 野球選手になる　わたしは
② 社長になる　あなたは
③ 良い年になる　来年は
④ チョウになる　よう虫は
⑤ アンカーになる　わたしが
⑥ 目になる　ぼくが
⑦ 明るくなる　未来が

【P．22】9．ふきだしトーク①

（例）① うさぎ…大きくなるビームライトだよ。
カエル…すごい‼　やってみて‼
② うさぎ…ほらっ‼　大きくなった‼
カエル…もとにもどれるのかな？

【P．23】9．ふきだしトーク②

（例）① カエル…ようこそ、火星人くん。
うちゅう人…はじめまして、カエルさん。
② カエル…いい乗り物ですね。
うちゅう人…いい星ですね。

【P．24】10．イラスト会話文①

（例）グレー…「うちゅう船の見つけ方をお話しします。」
パスタ…「できるだけたくさん、空を見るのがコツです。」

【P．25】10．イラスト会話文②

（例）ケロシ…「リンゴとメロンをこうかんしようよ。」
ケロタ…「リンゴを二つくれたらこうかんするよ。」

【P．26】11．言葉の仲間分け①

① 学ぶ　② 読む　③ むかう
④ 食べる　⑤ 泳ぐ（順不同）
⑥ 速い　⑦ 広い　⑧ おいしい
⑨ きれい　⑩ かたい（順不同）
⑪ 給食　⑫ 教科書　⑬ つくえ
⑭ プール　⑮ 教室（順不同）

【P．27】11．言葉の仲間分け②

① ふく　② 飲む　③ えがく
④ 歩く　⑤ 走る　⑥ 遊ぶ（順不同）
⑦ うまい　⑧ やさしい　⑨ おもしろい
⑩ 楽しい　⑪ 強い　⑫ うれしい（順不同）
⑬ 遠足　⑭ 牛乳　⑮ 運動会
⑯ リコーダー　⑰ 校庭　⑱ 作品（順不同）

【P．28】12．季節の言葉の仲間分け①

春の楽しみ…こいのぼり、ひな人形、お花見、
さくらもち、ももの花、花見だんご、
八十八夜、ひしもち、ひなまつり、
かしわもち、ちまき、新茶
夏の楽しみ…衣がえ、七夕、ぼんおどり、
夏し、やぐら、たんざく、
ひこぼし、ささかざり、夏祭り、
ゆかた、おりひめ、ほたるがり

【P．29】12．季節の言葉の仲間分け②

秋の楽しみ…秋の七草、くりひろい、お月見
いもほり、中秋の名月、こう葉、
ちとせあめ、月見だんご、七五三、
色づく、月夜、黄葉
冬の楽しみ…正月、ゆず湯、もちつき、
すすはらい、初ゆめ、ぞうに、

年こしそば、大そうじ、大みそか、
冬じ、豆まき、じょ夜のかね

【P.30】13. つなぎ言葉①
① だから、すると、したがって、それで
② しかし、が、けれども、ところが
③ そして、さらに、そのうえ、しかも
④ それとも、あるいは、もしくは、または
⑤ つまり、ただし、要するに、たとえば
⑥ では、ところで、さて、それでは

【P.31】13. つなぎ言葉②
① そのため
② しかし
③ しかも
④ つまり
⑤ さて

【P.32】13. つなぎ言葉③
① だから
② けれども
③ そして
④ それとも
⑤ つまり
⑥ さて

【P.33】13. つなぎ言葉④
(例) ① 習い事がたくさんある。
② ギター、バイオリンもひける。
③ 全員が気持ちを一つにしてがんばったからだ。
④ おやつをたくさん買いにいこう。

【P.34】14. いろいろな多義語①
① とる　② でる　③ はかる　④ あがる　⑤ たてる
⑥ みる　⑦ ひく　⑧ かける　⑨ つく

【P.35】14. いろいろな多義語②
① たかい　② あつい　③ あまい　④ まげる　⑤ おす
⑥ はずむ　⑦ とく　⑧ はさむ　⑨ しめる

【P.36】15. ダイエット文①
① メロンは、おいしい。
② お姉さんは、モデルです。
③ わたしは見ました。

【P.37】15. ダイエット文②
① 島が、あるらしい。
② 転校生は、男の子らしい。
③ 学校は、すごしやすい。

【P.38】16. じょう体とけい体①
① 折りました　② やわらかいです　③ 言います
④ えがきます　⑤ 読みます　⑥ つり上げます
⑦ します　⑧ ようです

【P.39】16. じょう体とけい体②
① 進んだ　② 見直した　③ 進もう
④ はずである（はずだ）　⑤ 勝つ　⑥ ない
⑦ ない　⑧ ねこである（ねこだ）

【P.40】17. 漢字の部首①
① うかんむり　② あめかんむり　③ くさかんむり
④ あなかんむり　⑤ たけかんむり　⑥ そうにょう
⑦ しんにょう　⑧ えんにょう　⑨ こころ
⑩ れっか

【P.41】17. 漢字の部首②
① こざとへん　② ごんべん　③ かねへん
④ しょくへん　⑤ にくづき　⑥ こめへん
⑦ ひへん　⑧ さんずい　⑨ にすい
⑩ にんべん　⑪ ぎょうにんべん　⑫ てへん

【P.42】17. 漢字の部首③

①すん ②おおざと ③ふしづくり
④かたな ⑤りっとう ⑥ちから
⑦のぶん ⑧あくび ⑨また
⑩るまた ⑪ふるとり ⑫おおがい

【P.43】17. 漢字の部首④

（例）①課、議、訓、説 ②念、悲、想、感
③折、指、拾、投 ④祝、礼、福、神
⑤漁、泣、満、潟 ⑥芽、芸、菜、薬
⑦例、便、働、健 ⑧笑、節、管、筆
⑨国、図、園、回 ⑩門、間、開、関

【P.44】18. 漢字「読み」とり①

①いさ ②きよ ③はたら ④のぞ
⑤か ⑥み ⑦やしな ⑧さか
⑨ち ⑩お ⑪むす ⑫は
⑬か ⑭つづ ⑮お ⑯つ
⑰つら ⑱まい ⑲な ⑳くわ

【P.45】18. 漢字「読み」とり②

①と ②た ③たと ④て
⑤あつ ⑥かか ⑦つた ⑧さ
⑨はじ ⑩かなら ⑪す ⑫と
⑬しず ⑭こころ ⑮わか ⑯な
⑰つつ ⑱たたか ⑲あらそ ⑳いわ

【P.46】18. 漢字「読み」とり③

①あ ②はか ③か ④あさ
⑤や ⑥わら ⑦はぶ ⑧のこ
⑨ねが ⑩うしな ⑪あ ⑫あた
⑬ひく ⑭やぶ ⑮う ⑯もと
⑰つ ⑱かた ⑲たば ⑳なお

【P.47】18. 漢字「読み」とり④

①す ②つと ③さ ④つめ
⑤ひ ⑥とな ⑦おさ ⑧たぐ
⑨き ⑩かた ⑪はや ⑫はや
⑬き ⑭き ⑮かえ ⑯かえ
⑰た ⑱た ⑲あ ⑳あ

【P.48】19. 同音異義語①

（右から）①早、速 ②合、会 ③空、開
④差、指 ⑤建、立 ⑥帰、返
⑦切、着 ⑧階、回 ⑨付、着

【P.49】19. 同音異義語②

①㋐以外 ㋑意外 ②㋐事典 ㋑辞典
③㋐機械 ㋑機会 ④㋐火事 ㋑家事
⑤㋐関心 ㋑感心 ⑥㋐自信 ㋑自身

【P.50】20. じゅく字訓とじゅく語①

①あす ②きのう ③きょう
④ことし ⑤あさって ⑥けさ
⑦ついたち ⑧ふつか ⑨みっか
⑩よっか ⑪いつか ⑫むいか
⑬なのか ⑭ようか ⑮ここのか
⑯とおか ⑰はつか ⑱たなばた
⑲とけい ⑳へや

【P.51】20. じゅく字訓とじゅく語②

①にいさん ②ねえさん ③ともだち
④とうさん ⑤かあさん ⑥おとな
⑦ひとり ⑧ふたり ⑨はかせ
⑩やおや ⑪くだもの ⑫まっか
⑬まっさお ⑭まじめ ⑮てつだう
⑯じょうず ⑰へた ⑱しみず
⑲けしき ⑳かわら

【P. 52～53】
省りゃく

【P. 54】22. じゅく語の組み合わせ①

1 省りゃく

2 ①…願望、周辺、会合、消失、飲食、加入
②…長短、有無、強弱、売買、勝敗、高低

【P. 55】22. じゅく語の組み合わせ②

1 省りゃく

2 ①…熱心、前進、花束、老木、最多、漁港
②…読書、帰国、着陸、祝福、点灯、開票

【P. 56】23. ペアじゅく語づくり①

① 自信 信号 ② 速達 発達 ③ 飛行 飛来
④ 客席 出席 ⑤ 建物 建国 ⑥ 野菜 菜園
⑦ 例外 事例 ⑧ 料理 材料 ⑨ 奈良 良薬
⑩ 照明 照度 ⑪ 府立 学府 ⑫ 発熱 熱中

【P. 57】23. ペアじゅく語づくり②

① 育児 児童 ② 辞典 辞書 ③ 原典 法典
④ 関係 関所 ⑤ 成長 成人 ⑥ 分類 人類
⑦ 親愛 愛読 ⑧ 昨夜 昨年 ⑨ 音訓 訓練
⑩ 道順 順番 ⑪ 城下 開城 ⑫ 感覚 自覚

【P. 58】23. ペアじゅく語づくり③

① 外伝 伝記 ② 説得 説明 ③ 友好 好意
④ 矢印 消印 ⑤ 重要 要点 ⑥ 目的 標的
⑦ 必要 必死 ⑧ 初日 初耳 ⑨ 名案 案内
⑩ 街角 市街 ⑪ 試合 試食 ⑫ 選手 選別

【P. 59】23. ペアじゅく語づくり④

① 観点 観客 ② 題材 取材 ③ 安静 静止
④ 国旗 校旗 ⑤ 大群 群発 ⑥ 季節 四季
⑦ 特別 区別 ⑧ 郡部 郡落 ⑨ 参戦 戦力
⑩ 争点 戦争 ⑪ 最初 最上 ⑫ 給食 配給

【P. 60】23. ペアじゅく語づくり⑤

① 地帯 熱帯 ② 包帯 包丁 ③ 好機 機器
④ 大縄 火縄 ⑤ 勇気 勇者 ⑥ 軍隊 軍歌
⑦ 兵隊 出兵 ⑧ 隊列 隊員 ⑨ 指輪 車輪
⑩ 子熊 白熊 ⑪ 特別 特色 ⑫ 夫人 工夫

【P. 61】23. ペアじゅく語づくり⑥

① 衣料 衣服 ② 氏名 氏族 ③ 祝福 祝日
④ 要約 節約 ⑤ 競馬 競争 ⑥ 生徒 徒歩
⑦ 用法 方法 ⑧ 完全 完成 ⑨ 清書 清流
⑩ 道徳 人徳 ⑪ 香水 香味 ⑫ 年賀 賀正

【P. 62】23. ペアじゅく語づくり⑦

① 未来 未知 ② 希望 希少 ③ 人望 一望
④ 労働 実働 ⑤ 健全 健勝 ⑥ 健康 小康
⑦ 命令 号令 ⑧ 位置 地位 ⑨ 散歩 分散
⑩ 出欠 欠点 ⑪ 満足 満開 ⑫ 光栄 栄養

【P. 63】23. ペアじゅく語づくり⑧

① 養分 静養 ② 卒業 卒園 ③ 単位 単発
④ 結果 結局 ⑤ 果実 成果 ⑥ 漁業 漁港
⑦ 直径 半径 ⑧ 副菜 副食 ⑨ 大臣 家臣
⑩ 街灯 点灯 ⑪ 梅園 梅雨 ⑫ 通貨 貨物

【P. 64】23. ペアじゅく語づくり⑨

① 変化 変身 ② 種類 菜種 ③ 連続 続出
④ 右折 折半 ⑤ 積極 面積 ⑥ 松林 松竹
⑦ 会議 議題 ⑧ 不安 不休 ⑨ 交差 大差
⑩ 記念 信念 ⑪ 連休 連合 ⑫ 光景 風景

【P. 65】23. ペアじゅく語づくり⑩

① 末期 結末 ② 司会 上司 ③ 記録 録音
④ 参考 参加 ⑤ 加入 追加 ⑥ 選挙 挙手
⑦ 実験 体験 ⑧ 協力 協調 ⑨ 南極 究極
⑩ 工芸 園芸 ⑪ 無理 無事 ⑫ 機械 器械（順不同）

【P.66】23.ペアじゅく語づくり⑪

①以上 以外 ②万博 博物 ③保管 管理
④便利 不便 ⑤子孫 初孫 ⑥分量 量産
⑦仲間 不仲 ⑧海底 川底 ⑨焼物 手焼
⑩有利 利点 ⑪笑顔 失笑 ⑫反省 帰省

【P.67】23.ペアじゅく語づくり⑫

①残金 残念 ②周回 円周 ③日課 課題
④自然 天然 ⑤入浴 水浴 ⑥発芽 新芽
⑦改行 改良 ⑧公共 共通 ⑨願望 念願
⑩消失 失礼 ⑪周辺 岸辺 ⑫最低 高低

【P.68】23.ペアじゅく語づくり⑬

①老人 老木 ②勝敗 失敗 ③約束 結束
④開票 白票 ⑤陸地 着陸 ⑥出産 産地
⑦各駅 各地 ⑧追求 要求 ⑨付録 付近
⑩固定 固有 ⑪食塩 塩分 ⑫南側 側面

【P.69】23.ペアじゅく語づくり⑭

①標本 目標 ②農家 農業 ③苦労 徒労
④様子 様式 ⑤長官 器官 ⑥古巣 巣箱
⑦観察 考察 ⑧気候 天候 ⑨千兆 予兆
⑩億万 億兆 ⑪手鏡 鏡台 ⑫有害 害悪

【P.70】23.ペアじゅく語づくり⑮

①刷新 印刷 ②自治 治安 ③倉庫 米倉
④表札 名札 ⑤成功 功名 ⑥楽器 食器
⑦英語 日英 ⑧牧場 遊牧 ⑨寒冷 冷気
⑩暗唱 合唱 ⑪国富 富士 ⑫福井 井戸

【P.71】23.ペアじゅく語づくり⑯

①悪化 緑化 ②洋式 洋館 ③急流 急転
④商業 工業 ⑤調和 昭和 ⑥勝者 勝負
⑦鉄球 鉄板 ⑧美談 面談 ⑨役所 住所
⑩消息 消去 ⑪感想 発想 ⑫遊泳 遊具

【P.72】24.送りがなのある漢字①

①短い ②曲がる ③終わる ④代わる
⑤投げる ⑥表す ⑦落ちる ⑧悲しい
⑨勝つ ⑩起きる ⑪委ねる ⑫守る
⑬起きる ⑭美しい ⑮指す ⑯宿す
⑰注ぐ ⑱等しい ⑲反らす ⑳放つ
㉑集める ㉒写す ㉓動く ㉔使う
㉕温かい

【P.73】24.送りがなのある漢字②

①改める ②産まれる ③試みる ④省みる
⑤変わる ⑥浴びる ⑦群がる ⑧飛ぶ
⑨関わる ⑩覚える ⑪伝える ⑫最も
⑬祝う ⑭積む ⑮連なる ⑯参る
⑰願う ⑱敗れる ⑲冷たい ⑳刷る
㉑続く ㉒求める ㉓固まる ㉔残る
㉕治す

【P.74~79】
省りゃく

【P.80】26.漢字辞典の使い方①

①㋐ヒ ㋑と(ぶ)
②㋐ケン ㋑た(つ)・た(てる)
③㋐レイ ㋑たと(える)
④㋐ショウ ㋑て(る)・て(らす)
⑤㋐ネツ ㋑あつ(い)
⑥㋐ジ ㋑や(める) ⑦㋐セイ ㋑な(す)・な(る)
⑧㋐ルイ ㋑たぐ(い)
⑨㋐カク ㋑おぼ(える)・さ(ます)・さ(める)
⑩㋐デン ㋑つた(う)・つた(える)・つた(わる)
⑪㋐セツ ㋑と(く) ⑫㋐ヒツ ㋑かなら(ず)
(訓読みは一つ書けていたら正かい)

【P. 81】26. 漢字辞典の使い方②

① 二 ② 二 ③ 二 ④ 三
⑤ 三 ⑥ 三 ⑦ 四 ⑧ 四
⑨ 四 ⑩ 五 ⑪ 五 ⑫ 五
⑬ 五 ⑭ 七 ⑮ 三

【P. 82】26. 漢字辞典の使い方③

(1) ① 四 きへん ② 七 ③ ソン むら
(2) ① 三 くさかんむり ② 七 ③ カ はな

【P. 83】26. 漢字辞典の使い方④

(1) ① 二 にんべん ② 七 ③ タイ からだ
(2) ① 七 ごんべん ② 十三 ③ ワ はなす（はなし）

【P. 84】27. じゅく語から作文①

1 〈例〉① 運んだり、送ったりすること。
② 衣や服のこと。
③ 競い、争うこと。
2 〈例〉① 明るいことと暗いこと。
② 生きることと死ぬこと。
③ 白いことと黒いこと。

【P. 85】27. じゅく語から作文②

1 〈例〉① 木の刀のこと。
② 良い薬のこと。
③ 国の旗のこと。
2 〈例〉① 火を消すこと。
② 手を挙げること。
③ 家を借りること。

【P. 86、87】

省りゃく

【P. 88、89】

自由かい答 ※どれと結んでも正かい。

【P. 90】30. 言葉のグリッド①

(例) ① 花見、入学式、さくら、つくし、そつぎょう式、あたたかい、一年生、チューリップ、ひなまつり など
② 夏休み、プール、暑い、山、宿題、あせ、セミ、海、こん虫 など
③ 運動会、夜長、さんま、読書、すずしい、もみじ、どんぐり、まつたけ、月見 など
④ 雪だるま、雪合戦、こたつ、寒い、スキー、氷、白、雪、冬毛 など

【P. 91】30. 言葉のグリッド②

① しおり、歩く、水とう、べん当、おやつ、電車、駅、ならぶ、遊ぶ、話す、雨、晴れ、てるてるぼうず、シート、緑、道、など
② プログラム、走る、ぼう子、投げる、おどる、おうえんする、玉入れ、つなひき、リレー、べん当、ビデオ、運動場、白線、晴れ、天気、点数、勝敗、など

【P. 92】31. 慣用句①

① 種 ② 実 ③ 花 ④ 根 ⑤ 菜
⑥ 竹 ⑦ 芽 ⑧ 葉 ⑨ 木 ⑩ 草

【P. 93】31. 慣用句②

① メス ② バトン ③ ペース ④ オブラート
⑤ ウエート ⑥ ピリオド ⑦ ピント ⑧ トップ
⑨ エンジン ⑩ ベンチ

【P. 94】32. まちがいさがし①

(例) 一つ目は、うちゅう船のまどの色がちがうところです。
二つ目は、右のうちゅう人の口の向きがちがうところです。
三つ目は、左下の小さいうちゅう人の目の向きがちがうところです。
四つ目は、左上のロボットの頭の形がちがうところです。
五つ目は、左のうちゅう人の右手の長さがちがうところです。

【P．95】32．まちがいさがし②

（例）一つ目は、右のウサギが左手に持っている道具がちがうところです。

二つ目は、中央のカエルの口の表じょうがちがうところです。

三つ目は、左のうちゅう人の右手に持っている道具がちがうところです。

四つ目は、左上の星の大きさがちがうところです。

五つ目は、うちゅう船のまどのうちゅう人のかげがなくなっているところです。

【P．96、97】

省りゃく

【P．98】34．アリバイ作文①

（例）・朝起きて、カエルたんは、たくさんコピーをとりました。そして料をつくりました。

・お昼前に、カエルたんは、会社のみんなと発表をがんばりました。

・お昼すぎに、カエルたんは、いくつもの会社をたずねました。そして、カエルせっけんのセットをせん伝しました。

【P．99】34．アリバイ作文②

（例）・八時ごろ、学校へ行き、くつをはきかえました。友達に「おはよう。」と言いました。

・十時ごろ、体育館でバスケットボールをしました。

一回だけ、シュートを決めることができました。

・十二時ごろ、給食を食べました。昨日見たテレビの話をしました。

【P．100】35．なやみごと相談作文①

省りゃく

【P．101】35．なやみごと相談作文②

（例）㋐ やろうと思っていても、なかなかできないことありますね。どうすればいいかがわかれば、できるようになるでしょう。

㋑ 一つは自分がやりやすい時間やタイミングを見つけて、取り組むことです。もう一つは宿題を楽しむことです。宿題をすることで、かしこくなったり、時間の使い方がうまくなっていきます。自分の成長を楽しみましょう。

㋒ 宿題は自分がするしかないですね。とにかく行動しましょう。今できれば、一生宿題ができる自分になれるはずです。

【P．102】36．どっちの意見文？①

（例）わたしは冬休みがいいと思います。

まず、クリスマスがあり、プレゼントがもらえるからです。

次に、お正月にお年玉がもらえるからです。

夏休みも休みが長くていいと思いますが、

それでも、わたしは冬休みがいいと思います。

【P．103】36．どっちの意見文？②

（例）わたしは海外旅行がいいと思います。

まず、まったく知らなかった世界に行けるからです。

次に、めったにない思い出になると思うからです。

国内旅行も近くて安いですが、

わたしは海外旅行がいいと思います。

【P．104】37．三題話①

（例）メモ・早朝に魚つりに行った。

・魚はつれなかったが、空きかんをつった。

魚つりが好きなので、早朝から海によくでかける。昨日も、つりざおをもって海にでかけた。

この日は魚じゃないものばかりつりあげた。長ぐつ、ビニールぶくろ…。「次あたり、空きかんかな」と思っていたら、そのとおり。水をたらしながら、空きかんをつりあげた。空きかんの中からゴトゴトと音がする。のぞくと魚が入っていた。

【P．105】37．三題話②

（例）メモ・わすれ物をさがす。

・夏休みに旅行に行ったところ。

「しまった！　わすれた！」

わたしがわすれ物に気づいたのは、二学期の始業式の前日だった。

夏休み、おばあちゃんの家に宿題をもって、一週間、とまりに行ったのだが、よりによってその宿題をもって帰るのをわすれてしまったのだ。二学期も始まろうというのに。

　わたしは泣きそうになって、おばあちゃんに宿題を送ってもらうことにした。


【P.106、107】

省りゃく

【P.108、109】

省りゃく

【P.110】40. ミニ新聞を書こう①
見出し…学校給食がバイキングに！
いつ？…来年四月から
どこで？…全クラスで
何が…給食が
どうなった…バイキングになる
くわしく…和食、洋食など好きなおかずが何十種類もある！　飲み物もジュースやスープが選べる！

【P.111】40. ミニ新聞を書こう②
（例）大見出し…空飛ぶランドセル！

小見出し…長い通学も安全・らくらくに！

リード文…五月五日、文部科学省は全国の小学生に空飛ぶランドセルを配ることを決定した。

　これにより、通学が楽になると、小学生は大喜びである。

本文………文部科学省は来年度までに全国の小学生全員にスーパーランドセルを無料で配ふする。このランドセルはジェットエンジンがついており、一時間の飛行がかのうというもの。

「通学が楽になり、勉強に集中できる」（Aさん・小四）と子どもやほご者に好ひょうだ。

このランドセルで子どもの遊び場もふえそうである。


【P.112〜115】

自由かい答

【P.116】42. 細切り短歌①
① 来ぬ人を｜まつほの浦の｜夕なぎに｜焼くやもしほの｜身もこがれつつ
② ひさかたの｜光のどけき｜春の日に｜しづ心なく｜花の散るらむ
③ 花さそふ｜嵐の庭の｜雪ならで｜ふりゆくものは｜わが身なりけり
④ いにしへの｜奈良の都の｜八重桜｜けふ九重に｜にほひぬるかな

【P.117】42. 細切り短歌②
① 春すぎて｜夏来にけらし｜白妙の｜衣ほすてふ｜天の香具山
② 夏の夜は｜まだ宵ながら｜あけぬるを｜雲のいづこに｜月やどるらむ
③ 風そよぐ｜ならの小川の｜夕暮れは｜みそぎぞ夏の｜しるしなりける
④ 五月雨の｜晴れ間にいでて｜眺れば｜青田すずしく｜風わたるなり

【P.118】42. 細切り短歌③
① 奥山に｜もみぢふみわけ｜鳴く鹿の｜声聞くときぞ｜秋はかなしき
② 八重むぐら｜しげれる宿の｜さびしきに｜人こそ見えね｜秋は来にける
③ これやこの｜行くも帰るも｜別れては｜知るも知らぬも｜逢坂の関
④ 見わたせば｜花ももみぢも｜なかりけり｜浦の苫屋の｜秋の夕暮

【P.119】42. 細切り短歌④
① きりぎりす｜鳴くや霜夜の｜さむしろに｜衣かたしき｜ひとりかも寝む
② 朝ぼらけ｜有明の月と｜みるまでに｜吉野の里に｜ふれる白雪
③ 山里は｜冬ぞさびしさ｜まさりける｜人めも草も｜かれぬと思へば
④ かささぎの｜渡せる橋に｜おく霜の｜白きを見れば｜夜ぞふけにける

【P.120、121】

省りゃく

【P.122】44. なりきり詩人①
（例）① かみなり　② たくさんの雲　③ 暗いはい色
④ ゴロゴロゴロ　⑤ ピカッ、ドドーン
⑥ うわー、こわい　⑦ キャー、助けてー　⑧ かみなり中

【P.123】44. なりきり詩人②
（例）① サンタクロース　② ゆめをもった子ども

③ ゆめがつまった　④ こっそり
⑤ ピカピカのボール　⑥ ワクワクするゲーム
⑦ ずっしりした本　⑧ キラキラした愛

【P.124】45. 有名なはいく①
① ア　② イ　③ ウ

【P.125】45. 有名なはいく②
① ウ　② ア　③ イ

【P.126、127】
省りゃく

【P.128】47. 学習言葉①
① エ　② ア　③ イ　④ ウ
⑤ カ　⑥ キ　⑦ ク　⑧ オ

【P.129】47. 学習言葉②
① イ　② ウ　③ エ　④ ア
⑤ ク　⑥ カ　⑦ オ　⑧ キ

【P.130、131】
省りゃく

【P.132、133】
省りゃく

1日10分
読解力・表現力が身につく
国語ドリル　小学4年生

2023年4月10日　第1刷発行

著　者　藤《ふじ》　原《わら》　光《みつ》　雄《お》
発行者　面　屋　　洋
企　画　清　風　堂　書　店
発行所　フォーラム・A

〒530-0056　大阪市北区兎我野町15-13
電話（06）6365-5606
FAX（06）6365-5607
振替 00970-3-127184
http://www.foruma.co.jp/
E-mail : forum-a@pop06.odn.ne.jp

制作編集担当・藤原幸祐・中倉香代

表紙デザイン・畑佐　実
印刷・㈱関西共同印刷所／製本・㈱高廣製本